まぁるい日本
―リーダーシップの時代【人を動かす】

吉田明生

人材育成の指南の書

　私と吉田さんとの出会いは平成24年（2012年）に遡ります。

　当時、陸将補であられた吉田さんとお目に掛かった際、吉田さんの、戦いの本質は奇襲である、という持論が、私がＭＩＴビジネススクールで学んだ交渉の基本、主導権を取ることが肝要（まず相手の横面をひっぱたいてでも主導権を取るという教え）と類似していたため、直ぐに意気投合したことを思い出します。

　私も商社から銀行、そして資産運用会社、その間、日系企業から外資系企業へと立場が変わり、それぞれの企業でリーダーを務めてきました。

　これまでの経営体験で常に心掛けてきたことは、「スピード」「決断」「リーダーシップ」の三つであり、これらは取りも直さずリーダーの要諦であるという信念を持つに至っています。

　加えて、グローバル社会で通用するリーダーに求められる資質を付言しますと、先の三点に、物事をはっきり伝える「明確さ」と「積極性」が加わると思っています。

　この二つは、普段の会話のなかでも当たり前のことのように思われますが、「明確さ」のためには、事前に頭の中で入念に論点を研ぎ澄ますことが求められますし、「積極性」には、苦労や挫折を踏み台とする経験、そして場数の豊富さを後ろ盾とする揺るぎない自信が不可欠なものであり、常にそうあることは、容易ではありません。

これは毎年、ダボス会議をはじめ、海外で行われる諸会議に参加して、世界中から集まる各国を代表する多くのトップ・リーダーと接する度に強く感じます。

　本書では、まずリーダーシップが一層求められる時代認識の解説に始まり、リーダーシップとは何か、を論じています。そして、構想・ビジョンを掲げて人を動かす（D・カーネギーの名著と同じ言葉）に力点を置いて、人を育てる、組織を使う、と続きます。その後に、改めてリーダーシップのスタイルに立ち返り、最後に、何が求められているのか、を説いて締め括られています。

　リーダーシップという、ややもすれば抽象的・概念的なテーマに吉田さんは真正面から取り組まれました。
　豊富な経験談や多岐にわたる調査結果、加えて軍隊にまつわる興味深い挿話（延べ9箇所）を多く用いることで、読み手に腹落ちする指南書に仕上げたことが、本書の特徴であり、功績だと思います。

　リーダーシップのキーワードとして、「変化への対応」と「自己の変革」の二つが凝縮した言葉として挙げられています。
　これからのリーダーは、今までにも増して、さらに変化に敏感になり、その予兆を見逃さずに捉え、その上で素早く的確に対応することが一段と大切になりましょう。

　「自己の変革」は、何も特別の才能や準備・環境を強いるものではなく、実は、謙虚に学ぶ、つまり顧客に学ぶ、市場や技術に学ぶ、そして、自ら学ぶという地道な姿勢が第一歩であり、生涯学び続けるという心構えが変革の原動力になるのであろうと思います。

私自身、学びの姿勢を続けることを、日々心掛けています。

　今、国際化が進む時代において、多様性を受け入れることのできるリーダー、明確な意思を表して情報を発信するリーダー、世界に出て活躍するリーダーの育成が求められています。
　リーダーシップについて学ぶことは、すべての人々にとって重要な基礎的素養の一つになりましょう。
　企業にとって、社会から預かった人材を育成し、能力を最大限に発揮させ、そして社会に還元することは、最も重要な社会的使命の一つだと思います。

　本書が、人材育成の指南の書となり、日本におけるリーダーシップ論の質を一段と高くするものになると確信しております。
　「人を動かす」ことを軸として、チャレンジ精神溢れる人材を育成し、日本の組織を活性化させ、そして企業を含めた日本の遍く組織、人々の成功、成長に繋がることを祈念するものです。

　　　　　　　　　　　　　　　ブラックロック・ジャパン㈱会長 CEO
　　　　　　　　　　　　（元・三井物産㈱副社長、元・ゆうちょ銀行社長）
　　　　　　　　　　　　　　　　　　　　井　澤　吉　幸

自衛隊のリーダーシップ

　本書は、陸上自衛隊で、小隊長、中隊長、連隊長の指揮官（コマンダー）、陸上幕僚監部、方面総監部などの司令部での幕僚（スタッフ）、学校などの教育職などを経験して、最後は北海道の道央地域防衛を担任する第十一旅団長で退官した元将官の在隊間の経験と豊富な知識に基づいた、現場で「人を動かす」ためのリーダーシップ論であり、組織の管理者をはじめ、広く一般の方々に読んでいただきたい良書だと思います。

　著者吉田氏については、私が勤務した陸上幕僚監部広報室報道係の後任として着任して以来、親しくさせていただいています。
　その彼が、陸上自衛隊を退官した後、ゆうちょ銀行社長特命担当顧問として入社し、総合戦略室審議役として勤務する傍ら、新入社員、管理職、本社部長等研修で、リーダーシップやマネジメントに関する講話をしていると仄聞していました。
　この度の出版は、彼がリーダーシップをテーマにして小冊子にまとめたところ、今年度から管理職のテキストとして使われ、上梓の運びとなったと聞いています。
　欧米では軍のリーダーシップやマネジメントへの高い評価が確立していますが、残念ながら日本の一般企業の間ではまだまだ自衛官のリーダーシップやマネジメント能力が認知されていないもどかしさを感じていた矢先、有力企業の幹部社員から有益な内容だと評価されて出版に至ったと聞き、誠に欣快に耐えません。
　陸上自衛隊での経験が高く評価されているということは、現役自衛官にとっても大いに励みになることと思い、元陸上幕僚長として大変嬉しく思っております。

私事になりますが、防衛大学校の門をくぐって以来、人を動かすことの難しさ、即ちリーダーシップ、フォロワーシップ、統率・統御の心得などを毎日の生活のなかで体験し、「人は人によって人となる」の言葉どおり、人間として鍛えられてきました。

　陸上自衛隊に入隊し、最初に教程で目にした言葉は、今でも鮮明に覚えていて、自分自身の戒めにしています。

　それは、①「任務の完遂は指揮官の至上最高の責任」、②「統御の目標は任務の完遂」、③ 指揮の要訣「指揮下部隊を確実に掌握し、明確の企図のもと、適時適切に命令を行い任務達成に邁進させる」、という指揮官としての心得です。

　吉田氏の本書は、この心得、思考過程を踏まえ、あらゆる個人・組織の問題点を解決するための参考とすべき事項を分かりやすく丁寧に解説しています。

　「古来軍の勝敗はその軍隊よりもむしろ指揮官に負うところ大なり」と言われているように、陸上自衛隊においても人材の育成、とりわけリーダーの育成は最重要課題になっていて、これは一般の企業においても同様だと思います。

　本書を多くの方が読了され、役立てていただくとともに、自衛官のリーダーシップやマネジメントについて理解を深めて欲しいと願っております。

　　　　　　　三菱重工㈱防衛・宇宙セグメント顧問（元・陸上幕僚長）
　　　　　　　　　　　　　　　　　　　　　　火　箱　芳　文

目 次

人材育成の指南の書　　　井澤吉幸　　3
自衛隊のリーダーシップ　　火箱芳文　　6

はじめに　10

1　リーダーシップの時代——————————————13
　(1)　リーダーシップを意識する　　13
　(2)　"戦い"の本質は"奇襲"にある　　17
　(3)　リーダーシップの時代　　19

2　リーダーシップとは何か——————————————25
　(1)　軍隊の人材育成に学ぶ　　25
　(2)　人間性や価値観を実現する　　29

3　人を動かす——————————————33
　(1)　人を動かす　　33
　(2)　掌握する　　40
　(3)　目標を持つ　　44
　(4)　計画を作る　　48
　(5)　企図を明示する　　51
　(6)　現況を把握し、実行を指導する　　57
　(7)　評価し、教訓を生かす　　60

4　人を育てる ─────────────────────── *64*
　(1) 能力を最大限に発揮させる　　*64*
　(2) 善きアドバイザーとなる　　*68*

5　組織を効率的に使う ───────────────── *77*
　(1) 組織を活かす　　*77*
　(2) 組織で率いる　　*86*
　(3) 適材適所で人材を活かす　　*88*

6　リーダーシップのスタイル ─────────────── *96*
　(1) リーダーシップとマネジメント　　*96*
　(2) 個性を発揮する　　*98*
　(3) 組織の大きさ、仕事の内容、部下の経験に合わせる　　*102*
　(4) 時間を基準にする　　*103*
　(5) アテネか、スパルタか　　*107*
　(6) 不測事態に対処する　　*110*

7　何が求められているのか ─────────────── *114*
　(1) 自分を磨く　　*114*
　(2) チャレンジ精神を養う　　*126*
　(3) 何が求められているのか　　*127*

　おわりに ～まぁるい日本　　*132*

　　　　　　　　　　題　箋　　柏木白光
　　　　　　　　　　カバー写真　中野晴生
　　　　　　　　　　本文の書　　著者
　　　　　　　　　　装幀／富山房企畫　滝口裕子

はじめに

"人"という文字は本来、人の側身形を現した象形文字ですが、「支えあって立っている人を現している文字で、人間関係なしには生きていけない人の姿を象徴しているのだ」と説明されることがあります。人間の本質をとても巧く言い表しているので、人間関係や思いやりの大切さを説くときに使われると、本来の説明よりも説得力があって、思わずこの説明に納得してしまいます。

人が二人いれば組織が生まれ、同じ目的に向かって進もうとする人の間でリーダーシップが発揮されます。リーダーシップは、"人"の在り方の説話と同じように、人間関係のなかから自然に生じてくる人間の本質的な属性の一つなのです。

人間関係は、調和や協力や協調性だけで成り立っているものではありません。人はそれぞれに自分の考えを持ち、意見を言いたがります。しかし、上下関係も賛成も反対も好きも嫌いも含めて、360度全部が人間関係。

多様性、360度全部の人間関係を呑み込んで、目標に向かって進もうとするところに、リーダーの真価が発揮されます。

意見が一致しているように見える人たちでも、利害や生活が絡み、特に身に降りかかる危険に直面したときには、まとめることは至難の業。

困難に直面したときに頼れるものは、「信じて、ついて行く」というリーダーとフォロワーの間にある信頼関係以外にありません。そういう

ときにリーダーの全人格的な品格が問われるのです。
　リーダーシップは人を動かすことを目指していますが、いかにして強い信頼関係を作るか、多様な人材の能力をいかに引き出すことができるかで、大きな組織を動かせるかどうか、価値のある仕事ができるかどうかが決まってきます。
　リーダーシップの最終的な目標は、与えられた任務を達成することだけではなく、行動を通じて人の能力を引き出し、人間性や価値観を実践し、体現するところにあります。それがなければただの労働になってしまいます。

　人は人によって磨かれ、成長します。
　リーダーもまた、人によって磨かれ、経験によって育てられます。
　民主主義の軍隊、陸上自衛隊は、与えられた人材の能力を最大限に引き出し、強い信頼関係を築き、組織の力を存分に発揮できる、人格に優れたリーダーを養成することを使命としています。
　部下に受け入れられない、部下が十分に能力を発揮できないようなリーダーが、強い部隊を率いることができるはずがありません。そのようなリーダーに率いられた部隊が、他人のために、良い働きができるはずがありません。
　規律心を養い、人を育て、強い信頼関係で結ばれた組織を作り、夢や希望や喜びをもって士気を鼓舞し、困難にチャレンジして打ち勝つ力を生み出すリーダーシップは、いつの時代でも、どのような組織でも、普遍的に必要とされているもので、すべての人々に共通して価値あるものだと思います。

　ここでは、陸上自衛隊のリーダーシップに対する考え方やノウハウを紹介し、そこに米陸軍の考え方を取り入れ、多くの人々の問題意識に答

えるようにまとめてみました。

　学生、主婦、教師、新入社員、役職者、管理職、経営者……さまざまな仕事に就いている方々が、リーダーシップを発揮して人を動かそうとするとき、どのように考えて、身を処して行動すればよいのか、リーダーシップの考え方と基本的な思考の手順が分かるように記述したつもりです。

　職業や立場を問わず、『人を動かす』立場にあるすべての人が、リーダーシップについて考え、実践しようとするときの参考になれば幸いです。

1　リーダーシップの時代

(1) リーダーシップを意識する

　ゆうちょ銀行に入社して以来五年間、リーダーシップをテーマとして、新入社員、管理能力養成研修、管理者研修で、年間通算400～500名に講話する機会を与えられてきました。

　その際、リーダーシップをテーマに話してもらいたいというので、研修参加者にアンケートをとってその意識を調べてみると、多くの人たちが、管理者の最も重要な仕事が「上司の意図を受け、いかに指示を徹底するか」で、「上意下達」が管理者の使命であるかのように思い込んでいることが分かりました。と同時に、それに対してある種のストレスを感じていて、その潜在意識が、80％以上の人たちの「職場のコミュニケーションを良くしたい」という回答に現れているように思われました。

　そこで、営業所などを訪問する機会（年間60か所以上）に、管理者のリーダーシップに対する意識を、さまざまな会話を通じて拾い集め、実態を調べて回りました。

　　職場での体験を頼りに、部下を指導している。
　　リーダーシップについて、教育を受けたことや考えたことがない。
　　営業の数値目標達成を仕事の焦点に考えていて、余裕がない。
　　人材育成では、営業に直接必要な専門知識の普及を重視している。
　　管理者及び役職者の指導に苦労している。
　　社員とのコミュニケーション確保に努力している。
　　　……

優秀な管理者、役職者はたくさんいて、多くの人たちは、仕事の知識・技能を向上させることにはきわめて熱心なのですが、自分が人を指導する立場になることを意識する機会はほとんどなかったようでした。

　人を動かす技能を磨く機会も、それを意識づけすることもないまま「優秀な社員」として勤務し、管理職に昇進する時期を迎え、目の前の仕事に追われるなかで「どのように部下を指導したらよいのか」について悩んでいるのです。

　このような実態は、ゆうちょ銀行だけではなく、どこにでもある問題です。

　連日、新聞や雑誌で報じられているブラック企業、長時間労働、パワハラやセクハラなどのニュースや話題を見ていると、ほとんどすべての管理者が、経験だけを頼りに人や組織を動かしているように見受けられます。

　まずは目の前の仕事を何とかしなくてはいけない、部下に仕事を命じてとにかく成果となる数字を上げなくてはいけない、営業成績向上に直接役立たないリーダーシップなどについて考える余裕はない、という厳しい現実が読み取れる記事ばかりです。

　ひょっとすると、以前、社会的に問題になった"過度の平等主義"のなかで上下の人間関係を認めたがらない風潮が、リーダーシップに関心を持たせないようにさせてきたのかもしれません。

　あるいは一昔前に流行った、管理者の仕事は部下に実績を上げさせることであり、そのために部下を"鍛えること"が本人の将来に役立つのだ、というスパルタ教育や根性シリーズ・マンガのイメージの影響を受けているかのように思われます。

　優秀な管理者の関心は、部下の能力を引き出すことよりも、ライバルとの競争意識や経営者になったときの戦略立案や経営に関するマネジメントに向かいがちです。

人事に反映される評価項目には関心があっても、リーダーシップについて学ぶ意義や必要性を意識することがないのでしょう。

　リーダーシップについて学ぶ機会がないまま、管理職になった人たちの相当数が、
　　立場が上がった＝偉くなった
　　　　　　　　　＝上司は、部下に命じるのが仕事だ
　　　　　　　　　＝上司は、強制力を働かせなくてはいけない
　　　　　　　　　＝部下は、上司の言うことを聞くのが当たり前だ
　　　　　　　　　＝部下は、上司に気を遣い、配慮するのが当たり前だ
と思い込み、リーダーが、権力者、なかには専制君主のように振る舞うことが許されているかのごとく、勘違いしているように思います。

　私がリーダーシップについて書かれた本や雑誌の記事に目を通したとき、なるほどと腑に落ちる話をしている経営者のほとんどの方々はオーナー経営者です。
　オーナーですから当然、スタートした時点から自分がリーダーだという強い自覚がありますし、自分自身で目標を設定し、数名の社員とともに汗を流すところから少しずつ組織を大きくしていくことによって、段階的に人と組織を動かすことを経験しています。
　組織として完成された形の大企業に就職したサラリーマンでは経験することのできない成長過程を踏み、高い当事者意識を持っていることが感じられます。
　ＭＢＡを取得した方が経営者に就任された際の記事を読んでいると、たしかに経営論には大いに興味を惹かれるのですが、リーダーシップやマネジメントの話になったとたん、それが社員の意識や会社の実態にどれだけマッチングしているのか、疑問に思うことがよくあります。

そういうときは多分、社内で育て上げられた生え抜きの優秀な人たちが、偉大なコミュニケーター、もしくは緩衝材となって、経営方針を組織にマッチングさせる重要な役割を果たしているのだろうと、想像してしまいます。

　大企業になればなるほど、社員は縦割りの機能別組織のなかに埋没しがちで、命じられた役割を実行することだけに集中してしまいます。自分の意志で人や組織を動かす機会が少ないため、リーダーとしての意識を育てることができません。
　野球などのスポーツで「名選手必ずしも名監督ならず」と言われます。
　野球が上手だというだけでは名監督になれないのと同じようなもので、大企業を率いていく監督としての意識を育て、監督としてのノウハウを磨くことがないまま、一選手としての能力が認められて異なるステージに上がることになります。
　優秀な人材を次世代のリーダーとして育成するために、組織全体を横断的に見る役職に配置しても、機能別部門を代表する責任感ばかりが先だつと、縦割り意識が強くなり過ぎて、組織全体のリーダーに育たなくなってしまいます。
　重要なポストに配置して人材を育てようとするとき、口では「若い人が自主積極的に伸び伸びと動くことを期待する」と言っているものの、重要な仕事であればあるほど、中間管理職は、上司の意図をおもんばかって意図どおりに動くことを求めてしまいます。
　どこにでもよくある「ちょっとくらいは空気を読んで仕事をしろよ」という雰囲気がそうさせてしまうのです。
　大会社に就職したサラリーマンが、リーダーシップについて学ぶことができないというのではありません。
　リーダーを育てようとする強い意識、実践を通じてリーダーを養成す

る環境、制度的に組織内にノウハウを貯めていく努力などがなければ、組織全体を託すリーダーを育てることはきわめて難しい、ということです。

　しかも、育てようとして意図どおりに育てることができるかどうか、組織の将来を託することができるリーダーが現れるかどうかは誰にも分からないのです。

　しかし、トップ・リーダーを育てる努力はしなくてはなりません。

　トップ・リーダーを育てる間に自分の能力に気づかされた人たちが、適材適所で各レベルのリーダーに配置されていくことによって、組織全体が一体感をもって効率的に動ける強い組織が生まれます。

　人や組織を動かすリーダーシップの能力と知識・技能に優れていることは、まったく異なる資質なのだということを理解するようになるのです。

(2) "戦い"の本質は"奇襲"にある

　人生は"戦い"だ、ビジネスは"戦い"だ、と言われます。

　激しい競争社会を"戦い"に例えて語る人がいますし、「命がけで困難に立ち向かえ」と心構えを説く人がいます。「社員と家族の全生活がかかっている"戦い"そのものなのだ」と、厳しい現実を説く人もいます。

　しかし、例え話でも心構えでも現実的な話でもなく、戦いとビジネスは、本質的な部分で相通じるところがあります。

　戦いは「"奇襲"によって決せられる」というのが、古今東西を通じた一大原則です。

　古代ローマのハンニバルの時代も、アレキサンダー大王の時代も、ナ

ポレオンの時代も、織田信長の時代も、皆、同じです。

　敵の意表を突いたほうが勝ち、意表を突かれたほうが負ける。

　"奇襲"は、敵の予期しない時期、場所、方法で攻撃し、敵に対応のいとまを与えないことで成り立ちます。

　ただそれだけのことか、などと思ってはいけません。真理はすべからくシンプルなもので、ここでのポイントは、「予期しない」ことと、「対応のいとまがない」ことの二つです。

　"戦い"は、画期的な新兵器が登場したり、想定した以上の大軍が押し寄せたり、準備ができていないときに敵が現れたり、思いがけぬ方向から攻めてきたり、「予期しない」ことが起き、しかも「対応する余裕がない」ときに敗れます。

　洞察力に欠け、準備が整っていなければ、敗者必然。

　物事が事前に予想した範囲内で進んでいる間は、対応する余裕がありますから、少なくとも負けることはありません。

　反対に勝つ場合は、相手に対応能力が欠けていたり、判断ミスが起きたりすることがあるので、予想外の勝ち方が出てきます。

　プロ野球のヤクルト、阪神、楽天などで監督をした野村克也氏の「勝ちに不思議な勝ちあり、負けに不思議な負けなし」という言葉は、まさに真理を突いた名言です。

　ビジネスも同じで、市場環境の変化を予測して顧客のニーズに先んじていれば大繁盛しますし、そうでなければ先細りになって、顧客は去ってしまいます。

　やるべきことは環境を読むことだけではありません。

　敵（競争相手）について知ることも不可欠です。

　真っ当に競争するだけではなく、意図して他社の市場を奪い、他社を

蹴落としていくことを経営戦略の一つとして教えているのが現実です。

「これが戦略だ」などとはとても言えたものではないと思うのですが、そういう競争相手の戦略に対応しなければ、生き抜き、勝ち抜くことができないのが、厳しい現実の世界です。

リーダーが、"奇襲"するだけの能力（構想力と資源）を整えることができるかどうか、"奇襲"に耐えられるだけの洞察力と物心両面の余裕を持つことができるか否かで、勝負は決まります。

"戦い"に勝てる組織作りは、優れたリーダーの育成から始まります。

⑶ リーダーシップの時代

少子高齢化、国際化、多極化、技術革新、大災害、孤立主義、気候変動……。大きな時代の変化が進んでいます。

一つの変化が次の変化を招き、技術革新や情報化がその振幅を予想できないほどに拡大し、以前には想像もできなかったような事態が、連鎖反応のように次々と起きています。

環境の変化は、趣味、嗜好、ライフスタイルから生き方、人間の価値観までを変えつつあります。

20世紀後半の大量生産大量消費の時代、日本は、西欧モデルの先進社会に「追いつけ、追い越す」ことを目標にして、高度成長をとげました。

日本の成功は、政府主導のもと、大企業に重点的に資本を投入し、ネットワークを構成した企業群が連携しながら発展していく統制社会の成功モデルで、一時期は日本こそが世界の最先端を歩んでいる唯一無二の成長モデルであるかのようにもてはやされました。

勤勉で集団行動を好む日本人の国民性、低賃金、戦中から継続された

中央統制的な政治経済体制、目標となる先進国モデルの存在とその教訓を活用できたことなどが、成功の要因だとされています。
　しかし先進国の仲間入りを果たしてトップに立ったと思った瞬間、あっという間にバブルが崩壊。現在にまで続く、長い低成長デフレ時代に突入してしまいました。

　低成長デフレ時代に突入した要因は、バブルの崩壊だけではなく、より大きな世界情勢の変化と技術革新という背景がありました。
　それは、冷戦崩壊にともなう資本主義国と市場の拡大、金融の自由化による資本の移動、最先端の軍事技術および最優秀な科学技術者の民間への移転などによって生じたもので、最も大きなインパクトを与えたものは、情報通信技術の進歩によってもたらされた、考えられないような情報社会の出現でした。
　世界中で起きた出来事が瞬時に伝達され、世界中の誰もが等しく、居ながらにして必要な情報を手に入れることができるのです。
　情報が拡散すると、それにつれて一般国民の意思や消費者のニーズは、時々刻々と変化するようになり、今度はその消費者ニーズに応えようとする動きが加速しました。
　能力のある者が情報を活用し、今までにない発想をもって起業家精神を発揮した者が、より簡単に、新しい世界を拓いていくことができるのです。
　志を同じくする者がお互いに必要な情報と能力を無料で共有し、ネットワークで連携を取り合って仕事をし、技術と産業のフロンティアがどんどん拡大していく社会が出現しました。
　政府に変化に対応するための規制や指導を期待しても、政府は次に何が生まれてくるか予想することさえできず、状況を把握しようとしても、把握したその時点ですでに手遅れになってしまっている状態で、まった

く時代を読むことができない状況になりました。

　変化は、国や大企業からもたらされる上からのものではなく、一人ひとりの社会の底辺に位置する人たちから湧いてくるように生まれ、気がつかない間に世界中の人々の生活に浸透してしまいます。

　ニュースが流れたとき、その情報は、すでに世界中に拡散しているのです。

　気がついたら、すっかり時代に取り残されていた浦島太郎がそこらじゅうにあふれることになりかねません。

　その変化に対応しようとすると、瞬間的に反応しなくては手遅れになりますから、いかに立派な大組織であっても、一つひとつの現場を握っている一責任者の判断に意思決定を委ねざるを得なくなりました。

　大企業の鈍重な意思決定システムでは、研究開発から商品開発、物流から販売まで、あらゆる局面で、ベンチャー企業の意思決定速度に追いつかなくなったのです。

　パーツ、パーツの意思決定の積み重ねと連携によって組織全体を動かすネットワーク型の組織が当たり前になってきました。

　情報が溢れ、情報が個人の自由の拡大と組織の創造的破壊を産み出す力となりました。それと同時に、情報技術を理解している者と理解していない者、情報を使える者と使えない者との格差が大きくなって、これまでとは別の意味で、とてつもない情報格差が生じ、それがどんどん拡大しています。

　秘密があるようでない、ないようで存在する社会になり、情報という世界では、中央や権威などという言葉の定義さえできない状態になってしまいました。

　冷戦崩壊後、各国の軍隊は、いち早くこの問題に直面しました。

戦争ではないさまざまな大きさの多様な事態に対処する際、素早く的確に対処するためには意思決定の権限をどのレベルまで下ろさなければならないのか。
　政治的・社会的な影響を考えたとき、どこのレベルまで下ろすことが許されるのか。
　そのときに、どうやって全体をコントロールすれば良いのか。
　誰が責任をとるのか。
　……。
　冷戦時代は、政治的な意思決定の下で、軍団（数万人）以上の大きな組織で動くことを前提として訓練していましたから、小隊長や中隊長はもちろん、連隊長レベル（1000～2000人程度）の指揮官にも、命じられたことを確実に実行することだけを求めていました。
　しかし、軍隊が戦争以外の多様な事態へ対処することが当たり前になったとき、国際活動、災害救援活動、国連平和維持活動（PKO）などに派遣されたのは、小規模な、20～30歳代の若い指揮官に率いられた部隊でした。
　若い小部隊指揮官が自分の判断で部隊を動かさなくてはならない、それが地域情勢や国際政治、国内政治に大きな影響を与える可能性が出てきたのです。
　それまでは一人前の（200人程度を指揮する中隊長レベルの）指揮官を養成するには「少なくとも十年は必要だ」と言っていましたが、半分くらいの期間で一人前の指揮官を育成しなくては間に合わなくなってしまいました。
　しかも若い指揮官に自主的に判断して行動することを求めなくてはならないのです。
　その頃開かれた日米陸軍のトップ会談で、陸軍が抱えている課題として、このことが話題になりました。

結論は、信頼できる人材を派遣して彼を信じて任せるしかない、そして責任は自分たちがとるしかない。人材育成を見直すこと、日頃から仕事を下に落として現場に任せてやっていくことが重要な課題だ、ということで一致しました。

　その後、中央と現場との連携要領を現実に合った形に修正して権限や業務要領を見直し、各国の状況を調査して確認し、政治的な理解を求め、教育訓練要領を開発して時代に適ったリーダー像や部隊の活動要領などを普及しました。
　その結果として、一人の死者を出すことも大きな事故を起こすこともなく、海外活動が続けられてきたのです。
　大きな変化に対応するには、地道な改善努力の積み重ねが必要で、気がついたときに一挙に変えることができるものではありません。目の前で起きた事象に対する一つひとつの小さな改善努力が、大きな改革を生み出します。
　組織が時代の変化を超えて生き残れるかどうかは、ライバルとの戦いであると同時に、自分自身の変革の戦いで、その成否は最終的に、リーダーの働きに集約されます。
　リーダーの育成は、現状への対応であると同時に、現状改革への着手であり、将来への投資であり、組織の未来を決定づけます。

　時代の大きな変化に気づいたとき、ある人は、傍観者となって無関心を装います。
　「現状が正しいのだ」という現状を追認する立場をとることで、評論家のように、常に正しい答えを持っているかのように振る舞うことができるのです。
　ある人は、環境の変化を見るよりも、取り残されないよう周囲に追随

することだけを考えます。

　ある人は、古き良き時代を懐かしんで、変化するものを批判し、昔の栄光を取り戻そうとします。

　環境の変化に対応できないまま滅んでしまったと言われているマンモスのような存在です。

　なかには自分の殻に閉じこもり、現状維持だけを考える人がいます。

　こちらは深海の奥深く密かに、変化を拒んでいるかのように身を固いウロコで覆って生きていて、時々迷い出て来てその姿を人目に曝すシーラカンスに似ています。

　一部の人は、環境の変化をキャッチアップして生き残ろうとします。

　きわめて限られた人だけが、時代の変化をチャンスだと考え、先取りしようと積極的に動き回ります。

　ほとんどの人たちは変化を好まず、現状維持を求め、周囲に追随する道を選びます。しかし、勝ち残るのは変革を成し遂げた者であり、変化に耐えられなかった者は消え去ってしまいます。

　情報を取り込んで、理想を実現しようとする。
　予想しなかった変化に対応して改革し、目標を達成する。
　時代の変化を先取りして変革を促す。
　こういう人たちが、世の中を動かします。
　"変化への対応"と"自己の変革"を実現するのがリーダーシップであるならば、現在は、まさにそのような人たちを求めている"リーダーシップの時代"だと言ってよいでしょう。

2　リーダーシップとは何か

(1) 軍隊の人材育成に学ぶ

　人を指導する立場に立ったとき、どのようにリーダーシップを発揮していけばよいのだろうかと頭を悩ますのは、あなただけではありません。
　誰もが、どのような立場になっても悩む、永遠の課題です。
　多くのビジネス書では、リーダーシップを戦史から学ぼうとしています。
　戦史には剥き出しの人間の物語があって、理屈抜きに多くの人たちの興味を引きつけます。克明な記録に残された作戦・戦闘の経過にしたがって指揮官のリーダーシップを追体験できる面白さがあるからでしょう。

　現代経営学の父と言われたピーター・ドラッカーと、アメリカを代表する企業家ジャック・ウェルチが「リーダー開発で、最も良い仕事をしている組織はどこか」を話題にして対談したことがありました。
　このとき、この二人の権威が熱心に推奨したのは、よく知られているハーバード・ビジネス・スクールやゴールドマン・サックス、マッキンゼー、ＧＥ、Ｐ＆Ｇなどの大企業ではなく、「アメリカ陸軍から学ぶこと」でした。

　なぜ、「アメリカ陸軍から学べ」と言ったのか、不思議に思う方がいるでしょう。これは、次のような理由があるのだろうと思います。
　第一に、軍隊、特に陸軍は、国民の多くの階層から人材を獲得しなくては成り立ちません。組織機能の多様性、採用する兵士の多様性から、その国の縮図のような人員構成になっているので、モデルに適している

組織だということがあります。

　第二に、戦争になれば、他の軍種に比べて、兵士の損耗がきわめて多くなりますから、陸軍は本質的に、常に人材を育成し続けることを使命としている組織です。

　生命のかかった場面において、「勝利」という唯一の目標に部下を引き連れて行くとき、リーダーとフォロワーの間の究極の信頼関係なくして人を動かすことはできないのですが、陸軍には、その信頼関係を構築するノウハウが存在すると考えていることです。

　第三に、リーダーシップを軍隊から学ぶ最大の理由は、人材育成の考え方にあります。後輩を指導し、立派な指導者を育てることができて初めて一人前の兵士が誕生するのだ、という考え方です。

　陸上自衛隊では、あらゆる機会をとらえて、先輩になる人たちに後輩を指導する機会を与え、なければ指導する場を作ってでも機会を与えます。同様に、指揮官には、実際に実員を指揮する訓練の場を与えます。

　そういう機会を与えないと、"言う（湯）ばっかし"の風呂屋の親父のような指揮官が生まれてしまいます。

　もしこの人材育成のサイクルが、一度でも途切れたら、それを取り戻すのに大変な労力がかかりますし、それを取り戻そうとする間、リーダーは育たず、その部下たちに大きな苦労を強いることになってしまいます。

　軍隊の話ではありませんが、バブルの前、日本を代表する航空会社の方からこんな話を聞きました。

　「人材の育成は、リーダーの育成に他ならない」ということがよく分かるエピソードを紹介します。

　その航空会社のキャビンアテンダントは、宝塚歌劇団と並び称されるほど、規律と躾が行き届いていて素晴らしい組織だ、と評判だったので

すが、景気が悪くなったとき、三年間ほどキャビンアテンダントの採用を止めていた時期がありました。

　景気が回復したので再び採用を始めた。ところが、三年前に採用した人たちは次の階層に昇進するか、退職して現場からいなくなってしまっていた。
　新人の育成を担当させるとなると、降格扱いになってしまう。しかもその人たちを異動させると今の仕事に穴を開けることになってしまう。それでもやむを得ず、人材育成に優秀な人を回わしてみて、初めて気がついたことがあった。
　三年前に養成した人たちは、人を指導する経験がなかったために、個人としては優秀な社員であっても、後輩を指導する能力をまったく身につけないまま育てられていた。
　人の上に立つ経験がなかったものだから、キャビンアテンダントを養成する以前に、人間関係の在り方から始まり、他人の面倒を見ることの意味、先輩と後輩の関係とは何かから、一から十まで指導しなくてはならない状態になっていた。そればかりではなく、とてもじゃないが外部の人には言えないような恥ずかしい問題が次から次へと噴出した。
　指導者をどうやって養成したらよいものだろうか、と悩んだ。
　たった三年間、採用をしていなかっただけだと思っていたら、人材だけでなく、人材育成のノウハウも目標とする組織の指導者像も失われてしまっていた。
　やっと形はできてきたが、最初の二〜三年間はデタラメな指導態勢だったから、その間に育てられた者はとてもじゃないが指導者としては使えない。本当の指導者が育つのはその後からなので、軌道に乗るまで、十年近くかかるかもしれない。
　それでも元には戻らないだろう、というとても深刻な話でした。

陸上自衛隊でのリーダー養成は、2～3名を指揮する組長、10名程度を指揮する班長、30名を指揮する小隊長、100～200名以上を指揮する中隊長から、数千人、数万人を指揮する指揮官まで、各階層で同じようなサイクルを繰り返して行います。
　良いリーダーなくして、良い後輩が育つことはありません。すべての者をリーダーに育てる努力がなければ、組織を育てることはできません。
　リーダーを育てる間に、人や組織を動かす能力や個人的な能力を相対的に評価できるようになるだけではなく、組織のなかで自分が立つ位置や組織を動かすときに自分が働くべき場所が見えてくるのです。

　「強い部隊も、弱い部隊も存在しない。優れた指揮官とそうでない指揮官がいるだけだ」と言ったのは、ナポレオンだったでしょうか。
　平時の軍隊は、どこの国でも、優秀な指揮官（リーダー）を養うことが最も重要な任務だと考えています。
　陸上自衛隊もその例に漏れず、必死に努力を続けています。
　そのリーダーシップ養成のノウハウは、主に三つの要素から成り立っています。
　一つは、どのような環境下でも常に情報に基づいて冷静かつ論理的に幅広く分析し、判断する考え方の手順（思考過程）という知的技術のノウハウ。
　一つは、強い使命感や責任感や意志などの精神的な基盤の涵養するノウハウ。
　一つは、職場において、実践の場の提供する環境。
　健全な組織を維持するためには、優秀なリーダーを養成するためのノウハウを脈々と受け継ぎ、発展させる地道な努力を継続するしかありません。

(2) 人間性や価値観を実現する

　組織目的や理念を大事にしている組織は、指導者育成の目的や方針、これに関わる概念の定義を明確に示しています。

　研究者や語る人によってリーダーシップの定義は大きく異なっていますので、誤解や混乱を招かないように、ここでは陸上自衛隊の定義に倣い、リーダーシップを指揮と管理と統御の三つの要素に区分します。

　① 指揮：人や組織を命令や指示によって動かすこと
　② 管理：組織を効率的に働かせること
　③ 統御：人間の能力を最大限に発揮させること

　リーダーシップは、指揮・管理・統御の三つの要素のバランスをとる方向性を示し、行動を促すことによって、価値を実現するものです。

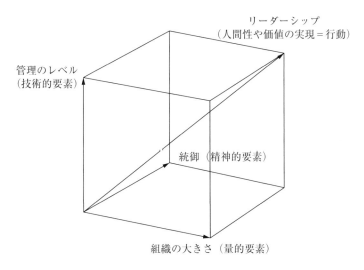

図1　リーダーシップのパワー・ボックス

リーダーシップは、リーダーの持つ人間性や価値観が正しい方向性を示したとき、最大のパワーを発揮します。
　リーダーシップは「どうやって人を動かすか」がテーマであり、「どのような（好ましい）行動をもたらしたか」によって評価されます。

　リーダーシップを人間中心にとらえているのは、日米に共通した考え方で、陸上自衛隊が「統御」という言葉で、後輩や部下の良き手本になるよう指導者としての人間性を磨くことを強調しているところを、米陸軍は「価値観」や「品格」を重視して語っています。
　例えば、米陸軍ではリーダーシップを、単なるマネジメントやコミュニケーションのスキルではなく、人間が普遍的な価値観を実現する技術、軍隊の使命を実現する手段、アメリカの理想を実現する手段だとしています。
　リーダーを象徴する心構えとして「Be Know Do（どうあるべきか、何を知るべきか、何をなすべきか）」という言葉を掲げ、「価値観を基礎とした、実行力を備えた品格あるリーダー」という全人格的な人間育成を目標にしています。人材育成の根底に、人間に対する理解と尊重、人間の価値観を追求する姿勢のあるところが特性です。
　倫理観や価値観を重視し、職務を通じてそれを実現することが、人間の最高の生き方であり、美徳だとする考え方は、古くはプロテスタンティズムの倫理と資本主義の精神を結び付けたマックス・ウェーバーの思想、最近では、社会貢献活動をしようというフィランソロピーや、企業活動を通じて社会的な意義を追求し、価値を実現しようというＣＳＲ（Corporate Social Responsibility）の運動などと軌を一にするものだと思います。

　余談になりますが、自衛隊でも、海外での活動が増えるにしたがって、

現地の人たちや外国軍隊との交流などを通じて、自衛隊らしさ、日本らしさ、日本人らしさという自分自身の「価値観」を意識するようになってきました。

日本社会が国際化するにつれ、日本の伝統、文化、価値観を伝えようとする動きが出てきたのと同じ時代の流れです。

社会や組織が多様化すればするほど、人間性を磨き、自分の価値観を伝え、他者の価値観を理解し、調和を図るリーダーが、求められるようになっています。

日米のリーダーシップに対する考え方には、国民性の違いが現れています。

米軍がリーダーシップを学問として研究する、科学する、という意識が強いのに対して、陸上自衛隊では、より指揮官個人の人格を尊重しています。

この違いは、日米がそれぞれ、第二次世界大戦の教訓を導き出そうとした姿勢に如実に現れています。

アメリカでは、専門家による調査団を設け、国を挙げて、第二次世界大戦の戦闘経過、指揮官の判断や個性などを明らかにして、作戦・戦闘の正否を詳細に分析し、あくまで客観的かつ科学的に"国家としての教訓"を明らかにして、後世に残そうとしました。

これに対して、日本では、作戦・戦闘の結果は指揮官の全人格的な統率行為なのだから、当事者が存命中に教訓を詳らかにして、指揮官の人格を批判に曝すべきではないという考えが支配的で、国家としての敗戦の教訓を学究的に追及することはありませんでした。

日本企業で組織のトップが絡む事件や事故が起きたときの対応を見ていると、さまざまな問題を客観的にとらえ、論理的に分析して組織の在り方についての教訓を導き出すよりも、トップの人間性を尊重して情緒

的な思考をする姿勢は、現代の日本人、日本社会のなかに強く受け継がれているように感じます。

　"後知恵"で裁くことは公正ではありませんし、決してしてはいけないことですが、リーダーが、自分の判断のすべてを曝け出して、その適否を批判に曝す自信と覚悟と勇気を示すことは、多くの人たちに教訓を提供し、組織内だけではなく、社会全体の進歩につながるものだと思います。

　リーダーの責任は、動かすものの影響力の大きさや、何に対して責任果たすのかによって違ってきますが、リーダーの姿は組織の在り方やシステムを体現したものだということは、間違いありません。
　好ましくない結果を招いたときは、リーダーシップとは呼ばれません。そういう意味で、結果がすべてです。
　根源にあるものはリーダーの持つ人間性を現す「価値観」や「品格」ですから、決まった形はありません。しかし、リーダーシップの結果は、「好ましい結果を招いたかどうか」で判断され、究極、リーダーが自分のあるべき姿をどう考えているのかが、行動を通じて実現されることになります。
　現場において部下と行動をともにする立場にあるリーダーほど、自分の態度や行動によって「何を考えているのか」、「どのように行動するのか」を周囲から直接、厳しく問われます。
　リーダーシップは、実践をもって人間性や価値観を実現するものです。

3　人を動かす

(1) 人を動かす

ア　働いてもらう

こんな話があります。

今から70～80年前、満州国設立当初、街の建設現場でも商店街でも役所でも、いたるところで日本人が汗水たらして働いている風景を目にしたイギリス人と満州国要人の会話。

イギリス人「どこへ行っても日本人が一生懸命働いているな」。

満州国要人「日本人は几帳面でよく働くから適材適所で使っているのだ。中国では最高の仕事は人を使うことだ」。

これだけ日本と対立しているときに日本人を用いるとは、さすがに中国人は大人だ。人を使うということをよく分かっている、と感心したイギリス人が「ところで中国人の姿が見えないが、中国人はどうしているのだ」と尋ねると、悠然とアヘンを燻らしながら答えた。

「日本人がいるから大丈夫だ」。

リーダーのいちばんの仕事は"人を使う"ことではありますが、労働者として使うことを意味しているのではなく、あえて言うならば"善く人を使うこと"、「人間の能力を最大限に発揮」させて、「価値」を実現することにあります。

日本では、さすがにアヘンを燻らせているような大物上司はいないでしょうが、反対に、「率先垂範、率先躬行だ」と言って、部下と同じ仕事をやってお手本を見せようとする真面目すぎる上司が、部下の仕事を

取り上げてしまって顰蹙(ひんしゅく)を買っているという話を聞くことがあります。

　率先垂範、率先躬行とは、物事に率先して取り組み、部下に自分の姿をもって範を示すことによって"行動を促す"ことを意図しているもので、部下のやる気を引き出さなくては意味がありません。

　リーダーがオールマイティな存在で、スーパーマンのように、自分で何でもできなくてはならないと思っている人がいたら、その人は発想を改める必要があるでしょう。

　一人では何もできないから、多くの人たちに協力してもらわなくてはならない。自分よりも優れた能力を持った人たちがたくさんいるから、その人たちに思う存分に能力を発揮してもらうことが必要なのです。

　あなたは今、たまたま人を使う立場になったのですが、あなたの下には、能力の高い人たちがたくさんいるのです。その人の能力や長所を見出すこともまた、重要な才能です。

　自分の存在が「かけがえのないものだ」と思った人は皆、誇りを持って積極的に仕事に取り組みます。そう思わせる人の使い方、心配りが必要です。

　「誰がやっても同じことだ」、「言われたとおりにやっているだけでいいのだ」と思ってしまえば、自主的に動く人はいなくなります。

　人を善く使う人は、人によく働いてもらう人。

　自分のために働いてくれる部下はお得意様のようなものですから、お得意様のために働くのだ、という謙虚さが必要です。

　命じる人と命じられる人の関係を作ってはいけません。

　リーダーには"リーダーにしかできない仕事"があります。

　"リーダーにしかできない仕事"とは、部下を適材適所に配置したり、部下の働きやすい環境を整えて能力を引き出したり、仕事の効率性を高めるためにアドバイスをしたり、部下の努力と仕事の成果を上司に報告

して組織内に知らしめたり、周囲から尊敬の念を勝ち取ったりして、部下に自信と誇りを持たせることです。

イ　説明し、説得する

　人は命令で動くものではありません。自分自身の経験を思い出せば、すぐに納得できるでしょう。
　言われたからやっているだけだ、というときには、口先では元気のよい返事をしていても、ついつい消極的になってしまい、自分で工夫したり、困難を乗り越えようと努力したりする気力が湧いてきません。
　人間は、心から信じて動いているとき、どんな困難に直面しても何とか解決して進もうと、積極的に行動することができます。
　組織の社会的意義や目的に共感を抱いた人は、組織目標の達成を意気に感じ、そこに自分が目標とするもの以上の価値を見出し、世のため人のために、と働きます。

　言いたいこと、言ったことを理解してもらうことが人を動かす第一歩です。
　「千里の道も一歩から」。
　大きな組織のなかにあって人を動かそうとするときは、よりコミュニケーションに気をつけなければなりません。
　いくら納得して「いい話を聞いた」と喜んでいても、話を聞いた人が本当に理解しているのは話の30％以下がいいところだ、と言われます。
　仮に、ものすごく頑張って印象的に話をして50％を理解させたとしても、それをその下の人に伝えたら、さらに半分で最初の25％、さらにその下の人に伝えると、またその半分になってしまい、あなたが命じたことの10％が伝わっていればよいほうだということです。

自分の言ったことが正確に伝わっていないときに「言うことを聞いていない」と怒っても仕方がありません。コミュニケーションとはそういうものなのです。
　現場に出て、あるいは報告を受けて、自分の伝えたいことが理解されているかどうかを確認し、伝わったと確信が持てるまで、何度も何度も繰り返し言い続けるしかありません。
　伝わらないのは伝える側の責任で、聞く者の責任だけではありません。
　我慢強く、執念深く、目標を達成するまで説得し続けることがリーダーの仕事です。

　いつもと同じことをやるのであれば、命じる必要はありません。
　いつもと異なることをさせるから、何か新しいことに取り組むから、命じなくてはならないのです。
　そのときに、いったい誰が今からやるべきことを知っているというのでしょうか。分かっているのは、命じようとしている本人だけ。
　それを「理解できない者が悪い」というのは、一人よがりというものです。
　　より早く達成する。
　　より多くの量をこなす。
　　新しいチームを編成する。
　　新しい手段、方法を取り入れる。
　　新しい顧客を開拓する。
　　新しいものを開発する。
　　……。
　なぜそれが必要なのか。何を狙いにしているのか。今までの目標はどうなるのか。仕事のやり方がどう変わるのか。何をすればよいのか。自分の役割は何なのか……。新しい課題が生じるのではないか、という不

安も湧いてきます。

　一つひとつの疑問に丁寧に答え、説明して説得して、納得させたときに初めて、積極的に動いてくれるようになり、命じた以上の働きをしてくれる可能性が出てきます。

　仕事が成功するかどうかが知能のレベルで決まるのは25％程度、残りの75％は、現状に対して積極的になれるかどうかで決まってくる。また、内的な動機づけができて行動すると生産性が31％高くなり、販売成績は37％増大する、という研究成果があるそうです。
　現状に対して積極的になると、脳の活力が増大して、知能が上がり、創造性が高まり、その結果、より成功する可能性が高くなるのです。

　あなたの熱心な説明と説得によって、個人だけでなく、チーム全体の積極性を生み、周囲の者からのサポートを引き出すことにつながります。
　それを繰り返していて初めて、本当に時間がないときや緊急事態に直面したとき、簡潔な命令で動くようになります。
　「いつもこう言っていた」、「常日頃こんなことを求めていた」、「こういうことをやれと言っているに違いない」というリーダーへの理解と、「この人のためなら」という信頼が命令以上に積極的に人を動かします。

　人間関係ができてくれば、目で人を動かすほどになります。
　人を使うことはリーダーだけに許されている特権ですが、人が動くのは、日常の相互理解の努力による信頼関係があってこそのものだ、ということを忘れてはいけません。
　忠誠心は、部下に求めるだけのものではありません。
　上司の部下に対する誠実な態度があってこそ、部下の忠誠心が育ってくるのです。

ウ 人を動かす手順を知る

　仕事を通じ、人生とは何か、幸せとは何か、人生で最も大切なことは何かなど、いろいろなことを考えるのが、人間です。

　心のどこかで、明るくて楽しい職場で勤務したい、充実した意義のある仕事をしたい、何かの役に立ちたい、今日より明日を、明日よりも明後日をより良いものにしたい、と思うのは、すべての人が持っている欲求です。

　一心不乱、仕事に打ち込んでいる人、将来を考えて自学研鑽している人、部下の指導に悩んでいる人、仕方なく義務的に働いている人、今の仕事は自分の仕事ではないと感じている人、いろいろな人がいます。

　なかには、仕事を通じて充実感を得ることをあきらめた人、職場を改善することを誰かに頼ってしまっている人がいるかもしれません。本当は、誰もが自分の力で職場を変えることはできるのですが、皆が誰かに期待してしまって、自分で変えようとすることを忘れてしまっているのです。

　もし、あなたが何かを実現しようするならば、まず自分の考えをまとめることに集中し、それから行動に移そうとします。一人でできることには限りがありますから、それを誰かに伝えようとするでしょう。

　あなたが仕事を通じて実現したいと考えるものに周囲の人たちの共感を集めることが、リーダーシップのスタートです。

　共感を呼んだとき、皆が一つの方向に向かって動き出します。

　何かを実現したいという意思を持つことがリーダーとしての第一歩であり、それを誰かに伝えようとする手段がリーダーシップに関わる技術です。

　何かを実現したいという意思を持つ。

その企図を説明して人の心を動かす。

何かを実現したいというあなたの情熱こそがリーダーシップの源です。

「情熱は馬、知性は御者」。

あなたの情熱が人を動かします。

共感をもって人を動かすことが、組織全体の意識を変えていきます。

人を動かして何かをしようとするとき、誰もが必ず踏む手順があります。いつの時代でもどのような組織のリーダーでも、必ず踏む普遍的な思考過程ですが、あまり意識されることはありません。改めて示されると、「なーんだ。当たり前じゃないか」と思ってしまうかもしれません。

ところが、失敗するケースのほとんどがこの手順を踏まず、いい加減にやろうとしたときです。

例えば、

　周囲の状況を確認していなかったので、無駄が多くなった。

　欲に走ってしまって、手順を考えなかった。

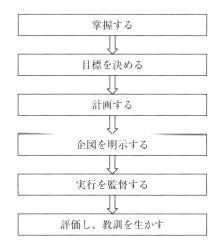

図2　リーダーシップ発揮の手順（思考過程）

部下の個性や能力を把握せずに命じたので、不協和音が生じた。
当たり前だと思って、明確な目標を示さなかった。
簡単だと思って、計画せず、思いつきで実行して失敗した。
はっきりとした意図を示していなかったので、齟齬(そご)が生じた。
問題点を把握せずに、叱咤(しった)していたら、部下が潰れた。
状況を確認しなかったので、失敗の傷口が深くなった。
部下に任せきりにしていたら、思ったように実行できていなかった。
同じ過ちを、何度も繰り返した。
せっかくのチャンスに、成果を拡張することができなかった。
成果に目を奪われて、問題があることを見すごしてしまった。

　基本的な手順を無視したために生じた失敗は、数限りなくあります。
　組織の大きさや状況によって違いはありますが、リーダーシップ発揮の手順（思考過程）は変わりません。
　以下、この手順にしたがって、話を進めていきます。

(2) 掌握する

　リーダーシップの最も望ましい姿は、強制力を働かせることなく、部下を自主的に動く状態にもっていくことです。
　組織人だから命令・指示で動くのが当たり前だ、と言うのは簡単ですが、人間必ずしもそれだけで動くものではありません。
　同じ言葉を聞いて感動する人があれば、無関心な人も、反発する人もいます。
　敏感だからぱっと動いて、鈍感だから反応しない、というものでもありません。

要は、行動のモチベーションがどこにあるのか、本人のやる気が問題なのです。

　人間は、皆、さまざまな欲求を持っています。
　有名な研究の一つに、マズローの欲求五段階説があります。
　人間の欲求は五段階のピラミッドのように構成されていて、低位の欲求が満たされると、より高次の階層の欲求を欲するものだとしています。
　仕事のニーズをその人の持っている欲求レベルと一致させることができれば、人は積極的に行動することになります。求められたものが、自分の欲求レベルに適合していないと、働く意欲を低下させ、場合によっては、反発を招いてしまうことさえあります。

　欲求レベル以外にも、人間が動く動機は、生まれ持った性格、育った環境、培った価値観、持っている目標などによって、異なります。
　命令されればただ従順に従う人。

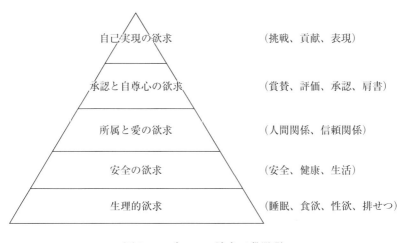

図3　マズローの欲求五段階説

自尊心をくすぐられると動きやすい人。
　頼られたら断りきれない人。
　論理的にきちんとした説明を求めたがる人。
　自分の得られる利点、不利点で判断しやすい、計算高い人。
　脅しや圧力に弱い人。
　皆が同意しているなら、という大衆迎合的な人。
　義侠心に燃えている人。
　理由を知りたがる人。
　他人の評価や結果を気にする人。
　疑り深く、慎重な人。
　変化を嫌う人。
　　……。

　十人十色と言うように、さまざまな性格の人たちがいます。
　外国の異文化への理解も必要です。
　人を動かすために深く人を知り、人間について理解して、それに配慮することが不可欠です。
　聞く人にとって、受け入れやすい言い方や言葉があります。
　ほんのちょっと、料理に一つまみの塩や一振りのスパイスを利かせるかどうかだけの違いかもしれませんが、その人たちがいちばん納得し、受け入れやすい言い方で伝えるのが効果的です。
　言い方一つで人の心を動かせるかどうか、料理の味以上に大きな違いが生まれてきます。

　仕事よりも家庭を優先して考えなければならない人もいるでしょう。その人たちに最大限の配慮を示すことで、職場の人たち全体に安心感が広がります。

家庭を大切にしながら、他の人たちにできないことに頑張ってもらえばよいのです。
　自分がその立場になったときのことを考えてもらえれば、皆、すぐに納得してくれるでしょう。

　最近、プライバシーに踏み込むことを躊躇する人が増えています。
　どこまで踏み込んでよいのかを知るためにも人を知り、掌握する必要があります。
　個人情報の保護に気をつけるのは当然のこととして、仕事のうえで、個人に関わる問題があって、それを解決できるならば、その人のプライベートな部分に踏み込むことを逃げてはいけません。
　解決する見込みがないと思ったならば、踏み込むべきではありません。
　部下は上司に自分のことを理解してもらいたいと思っています。
　部下があなたに周波数を合わせてくれるとは限りませんから、あなたから部下に近づく努力をする必要があります。

　職場の人間関係を掌握することも大切です。
　一緒に仕事をする人の組み合わせによって相乗効果が生まれ、能力以上に力を発揮させる人間関係がありますし、逆にお互いの能力を削いでしまうマイナスの人間関係もあります。
　気が合って楽しいのだけれど馴れ合いが生じてしまって仕事が進まない人間関係があれば、刺激し合って能力以上に仕事が進む人間関係もあります。
　魚をトラックで輸送するとき、生け簀に同じ魚ばかりを入れて運ぶと元気がなくなるが、一匹だけ違う種類の魚を放り込んでおくと、魚に緊張感が生まれて、活きのいい元気な状態のまま輸送できるのだそうです。
　人と生け簀の魚を一緒にするなと叱られてしまいそうですが、人間

だって同じ生き物。チームスポーツを見ているとそれがよく分かります。生き物は皆、そんなものかもしれません。

　部下だけではありません。上司も複雑な人間関係のなかで動いています。
　上司の出した命令、指示がいつも完璧であるとは限りません。その背景に、言葉に言い表せない事情が隠れていることはよくある話です。
　人を動かすときの重要な判断要素の一つとして、人間関係には常に関心を払うべきです。
　自分の部下と組織に関わりのあることについて、細大漏らさず、確実に掌握する。
　これがリーダーシップを発揮する前提条件です。

(3) 目標を持つ

ア　達成可能な目標を決める

　リーダーシップは、個人によって表現方法や技術レベルに違いがあるものの、ある種の技術のかたまりで、そこにはたしかな原則があり、一定のレベルまでは、伝え、磨くことができます。
　持って生まれた資質や人格だけで決まるものではありません。

　国の命運を救った偉大なリーダーや大きな組織を動かす立派なリーダーが、降臨したかのように、突然現れることはありません。
　小説としては面白いのですが、シーザーも、チンギス・ハーンも、ワシントンも、豊臣秀吉も、松下幸之助も、皆、子供の時代があり、実績を積んで成長する過程があったのです。徳川家康だけが、「人生は重い

荷物を背負いて、長い道を行くが如し」だったのではありません。

　偉大なリーダーだと言われる人は、何か価値のある目標を達成したり、道徳的に優れた大きな社会的な価値や実績を残したりしたから、周囲からリーダーだと認められるようになったのであって、何も実績を積んでない人がもてはやされることはないのです。

　大きな権力を行使した人であっても、ヒトラーやスターリンや毛沢東のように人間性に反する不道徳な行為を成した人が、リーダーだと言われることは決してありません。

　何かを達成し、合わせて道徳的に優れた価値を示して大きな影響を与えた人たちが、その結果を認められて、リーダーだと言われるようになったのです。

　リーダーになろうとするならば、その必須の要件は、明確な「目標を持つ」ことです。ビジョンと言ってもよいでしょう。
　何がやりたいのか、どうしたいのか。
　達成不可能なものは、目標にはなりません。
　目標は、できるだけ具体的で、達成可能なものでなくてはなりません。
　目標を決めたら、何時までに、誰が、何を、どのくらい、どのように……と、一H五Wで表してみましょう。
　具体的に行動したいという意欲が強くなってきます。

　イ　目標達成を通じて実現すべき「精神的な徳目」を決める
　リーダーシップは、人を動かして「人間性や価値を実現する」ことが目的です。
　次に大事なことは、人の心に訴えかけて共鳴を呼ぶ「精神的な徳目」、目標実現の過程を通じて実現したい「価値観」を決めることです。
　これは、目標を決めたからと言って、すぐに思いつくものではありま

せん。

　価値観は、ものごとを評価したり判断したりするときの基準、規範で、家庭内で培われたり、個人的な体験をきっかけにしたり、思索を通じて湧いてきたり、職場の伝統や価値観に触発されたり、あるいは日々の生活や仕事の積み重ねのなかから形作っていくものです。

　価値観だというと、何となく身構えてしまって、リーダーは何か特別に優れた価値観を持っていなければならないかのように考えてしまう人が出てきますし、大上段に振りかぶって言うと、「押しつけがましい」と反発され、受け入れられないこともあります。

　ここでは、自分自身の心のなかで「実現したいもの」を決め、同時に、仕事の目標達成の過程を通じて、自分と一緒になって「部下の人たちに実現してもらいたい」と願う、より身近な「精神的な徳目」を決めることを言っています。

　「精神的な徳目」には、目標に向かう努力、与えられた目標を達成する責任感や使命感、目標に向かう過程で培う仲間との連帯感や信頼や協調性、諦めずに目標を追求する執念、探求心、目標達成の過程で得られる充実感、学ぶ姿勢、リーダーシップの発揮、率先垂範・率先躬行する姿勢、時間を守る、規律心を養う、などいろいろなものがあります。

　自分が実現したいものであったり、部下に感じてもらいたいものであったり、仕事を通じて身につけたい、大切にしたい、と思うものを一つだけ、決めてください。

　日々の行動のなかで「精神的な徳目」を意識し、実践する努力のなかから、リーダーに必要な品格や倫理観、価値観が磨かれていきます。

　同時に、部下の資質育成に配慮するようになることで、結果として、あなたが命じる仕事を人間的で温かく、魅力あるものにしてくれるでしょう。

あなたにとって、仕事や職場が、それを実現する素晴らしい実践的トレーニングの場に変わっていくでしょう。
　あなたの意思が、驚くほど明確に伝わるようになります。

　自分自身の在り方が決まっていなければ、人を動かせるわけがありません。
　自分の価値観を出すことがよくないことだと思い込んでいる人は、良いリーダーにはなれません。
　価値観を感じさせない言葉や行動が人の心を動かすことはありませんし、人の心をギュッと掴まなければ、大きな仕事はできません。
　もし、組織から精神的な徳目や価値観を体現しようとするリーダーがいなくなったならば、そのとたん、職場から活力が失われ、善きものが消え去り、無機質な世界になってしまい、組織全体の人間味がなくなり、モラルも士気も活力も、あっという間に低下してしまいます。

　時々、組織のトップが不祥事を起こしたニュースが報じられます。
　不祥事を起こした本人の責任が大きいことはもちろんですが、単にトップ一人の問題ではすまされない、相当、根深い問題が潜んでいると見るべきです。
　そのような人材を良しとして育ててきた企業風土、さらにそのトップに立った人物の成功体験を見ながら育てられてきた後輩たちが、知らず知らずのうちに身につけてきた倫理観や価値観を考えると、規律違反や偶発的な事故、判断間違いだけではすまされない、大きな問題が潜んでいることが分かります。
　倫理観や価値観の存在しない職場は、生き物の育たない砂漠のようなものです。

あなたが仕事を通じて「何か」を実現したいと目標を持ったならば、目標を達成する過程を通じて、充実感や満足感を得、人間的に価値あるものを身につけ、社会的により大きな意義のある働きをすることを望むでしょう。

そこには一人だけでは実現できない価値、精神的な満足感があります。

人は、仕事を通じて価値ある「何か」を実現したい、「何か」を残したい、と考えると同時に、安心して仕事に打ち込めることを望みます。

人は、変化の激流に揉まれているとき、「変えてはならない何か」、「普遍的に価値のあるもの」に、心のよりどころを求めます。

そして、自己犠牲を払ってでも困難に立ち向かっていく人、自分のために尽くしてくれる人、安心感を与えてくれる人を信頼して、その人についていきたいと思います。

価値観や「精神的な徳目」は、リーダーの心のなかに存在するもので、部下に強要するものではありませんし、計画のなかで具体化すればよいというものでもありません。

むしろ、リーダーが他者の価値観を認めて尊重する姿勢や態度のなかに自然と現れてくるものです。

そういう姿勢が周囲の人の心の共鳴を呼び起こし、単に仕事を命じる以上に大きな影響を与えます。

(4) 計画を作る

目標を定めたら、それをどのようにして達成するのか、計画を作ります。

計画はリーダーの構想を具体化して関係者に共通認識を作り、命令の根拠にするものですから、どれほど時間に余裕がないときでも、計画を

作ることは必要です。

　計画というと大げさに感じる人がいるかもしれませんが、計画に定型はありません。

　頭の中で描くだけのものから、詳細に文書として記述するものまでさまざまです。

　数名の部下しかいない小さな組織を動かすときには、頭のなかで計画し、一H五Wで表現した方針を示し、部下の役割分担を頭のなかで決めて、口頭で命じます。

　当然、自分の目で現場を確かめて計画し、直接的に人を動かします。

　小さな組織であっても重要な仕事であれば、時間の許す限り万全の準備を周到にして、行動に移します。

　大きな組織を動かす場合には、分厚いち密な計画を作り、文書で命令を出すことが多くなります。

　中間組織などの報告を待って状況を掌握して計画を作り、現場の責任者を通じて、間接的に人を動かさなくてはなりません。

　大きな組織であっても時間がなければ、即座に口頭で命令します。ただし、この場合は間違いがないように、後から文書を起案して、命令の根拠と責任を明確にします。

　計画するということは、自分の行動を具体的に予想して、シミュレーションすることを意味しています。

　組織の大きさや時間の有無に合わせて、目標達成までのストーリー、成功イメージを作ってからスタートすることが重要なのです。

　完成イメージが持てない行動、上手くいくストーリーが想像できないときは、必ず言ってよいほど、失敗します。

　数人の部下しかいないから、簡単なことだから、時間がないから、屋外にいるから、バタバタしていたから……と言い訳をして、"思いつ

き"で行動すると必ず失敗します。

　計画は、簡明（シンプル）でなくてはなりません。分かりやすく、皆が読みたくなるようなものでなくてはなりません。

　どんなに立派な計画を作っても、複雑過ぎると、メンバーの意思統一が図れなくなり、誤解を招き、行動間にトラブルを起こす原因になってしまいます。

　計画を作る目的を忘れてはいけません。

　二人でも、10人のチームでも、100人、1000人の組織でも同じことで、部下にリーダーの考えを正確に理解してもらわない限り、統一性のある行動は生まれず、組織力を発揮することはできません。

　リーダーの構想を具体化した計画が、組織全体の共通認識になると、計画実現のための情報を共有するようになります。共通認識がなければ、情報の共有もありません。

　計画作成の背景となった状況認識や問題認識、組織目標、部下に与える目標を示し、そして実行要領をストーリーでつなぎます。

　ストーリー性があれば、自分の役割、目標達成の姿を描き、目標達成までにどのような役割を果たし、どのように行動すればよいかをより具体的にイメージアップすることができます。

　そのイメージによって、文章の行間が埋められ、言葉にならないものが伝わります。

　問題意識を共有し、ストーリーにしたがって完成されていく理想の姿を持つことで、言葉で足りない部分を自分の考えで補って、より積極的に行動できるようになります。

　計画を作ったときは、必ず全員に任務を与えます。

　例えば、営業の目標を達成しようとするとき、コンプライアンス部門も、事務部門も、総務部門も、人事部門も、直接関係がないと思われる

すべての部門が、それぞれの立場で、営業目標達成に貢献するように任務を与えることによって組織的な活動が生まれます。

自分の置かれた位置が明確に分かります。

これがなければ、縦割りの活動になってしまいます。

比較的長期の計画になると、全期間を通じた一貫性、さまざまな機能間の整合性、最悪の状況に適応できる融通性のあるものが求められます。

様式が統一され、さまざまな機能が体系的に記述された文書の形になります。

これについてはまた別の機会に記述することにします。

(5) 企図を明示する

ア　問題意識を共有する

目標を決め、目標を達成する過程を通じて養おうとする「精神的な徳目」を決め、構想を具体化した計画ができ上がると、いよいよそれを部下に示さなくてはなりません。

それを「企図の明示」と呼びます。

しかし、突然、「ああしろ」、「こうしろ」と言われても、言われた人は、なぜそうしなければならないのか理解できないでしょう。

背景を理解しなければ、訳が分からず、ただ言われたからやるだけになってしまいます。それを繰り返していると、言われたことを実行するだけの"悪い習慣"が根づいてしまいます。

命令や指示を出すときには、自分のおかれた現在の状況をどう認識しているのか、命令や指示を出した背景となった要因を、

① 全般の状況
　　② 敵の状況
　　③ 味方の状況
　　④ 自分の状況

に分けて、外部から順に自分に向かってくるように、簡潔に説明します。

　これによって、目標が決められた背景、計画作成の背景となった情勢判断、命令や指示を出した狙いなどを理解することができます。
　背景を理解していないと、「ところで俺たちは何のために動いているのだろう」、「こうしろと言われたのは分かるけれど、全体目標はどうなっているんだろう」などと疑問を持ってしまいます。
　自分の行動に疑問を持つと、"勢い"がなくなります。
　あるいは、いつも理由なく、命じられたことを実行することだけを求めていると、組織内の柔軟性や積極性を失わせ、さらには「上意下達」の悪弊が生まれてきます。
　あなたが考えた背景を理解して、全員が問題意識を共有するようになれば、自主性が生まれ、目標達成へのモチベーションが上がります。

　イ　自分の目標を示す

　「肉買って来い」、「ネギ切って来い」、「鍋持って来い」、「酒買って来い」……そういうバラバラの言い方をすると、受け取る人によって、ある人はすき焼きの用意をし、ある人は鴨鍋を用意し、別の人は水炊きの用意をしなくてはいけないと思うかもしれません。
　ひょっとすると「言われなかった」と言って、箸も皿も調味料も、何も用意していない、なんていうこともあるでしょう。
　「今週の金曜日の夜6時から、私のチーム全員が集まって、私のアパートで○○君の送別会のすき焼きパーティーをするので準備してく

れ」と言って、役割を示せば、全部ちゃんと用意してくれます。

　気の利いた部下は、送別会の目的を考えて、○○君の好きなお酒を買ってきて、宴会を盛り上げる余興まで準備してくれるかもしれません。

　「"やれ"、"やれ"とうるさく命令ばかりするけれども、本人はいったい何をしたいんだろう？」、「ただ上司から言われたことを"やれ"って言っているだけじゃないのか」と言われる"ヤレヤレ上司"に出会うことがあります。

　部下に目標を示して、企図を明示するときには、自分自身の目標をはっきりと示し、命じる本人の意思を明確にすることが必要です。

　例えば、一番になる、職場が今よりもより良い姿になる、皆を驚かせる、感動させる、結果にワクワクするものがある……など、それを聞いた人たちに夢や希望を与え、積極的に働きたいという気持ちを持たせる、モチベーションを与えることが重要です。

　いつ、誰が、どこで、何を、何のために、どのように、一H五Wで、やりたいこと（方針）をはっきり伝える。これが「企図の明示」です。

　曖昧さは、誤解や思い込みを招きます。

　企図を示すときには、曖昧さを排して、簡潔、明瞭に伝えることがポイントです。

ウ　部下に任務を与える

　目標（方針）を示しただけで、安心してはいられません。話の受け取り方が違っているかもしれませんし、自分が何をすればよいのか分からない人もいます。

　では、次にどうすればよいか。

　目標を達成するために、「あなたは何をしなさい」と個別具体的に「任務」を与え、目的に対する任務意識を持たせることです。

組織目標を明示し、一人ひとりの目標と任務を与えると、それまでバラバラであった考え方が一つの方向に整理されていきます。

　初めて取り組む新しい仕事を理解するのは、とても難しいものです。
　当たり前だ、分かり切っている、と思うことについても必ずはっきりと口に出して任務を示し、任務を強く意識させる"念押し"が重要です。
　命じることで、命じた者と命じられた者との責任の所在がはっきりして、お互いに目標達成に対する自覚が強くなります。
　また、チームのメンバーがお互いの任務を知ることで組織全体の動きを再認識することができて連携を取りやすくなるので、動きが組織化されていきます。
　部下全員に与えた目標とあなた自身の目標を足し合わせることで、組織目標が達成できることが分かるので、より一体感が強くなります。

　計画を作ったときと同じように、目標達成の過程を簡潔に、ストーリー性をもって伝えることで、自分の任務と役割、目標達成の方法、完成の姿をより明確にイメージアップできます。
　目標達成の姿をイメージアップすれば、自分の役割と他の人たちとの関係など、言葉で表されていないところを理解でき、より積極的に行動できるようになります。
　部下の積極的な支持が得られなくては、目標達成はできません。

　　エ　適時適切に命令する
　皆さんは、計画と命令の違いや意義について、考えたことがあるでしょうか。
　計画を作ったら企画する者の仕事が終わり、あとは実行する役割の人たちが計画通りに動くのが当然だ、というくらいに思っている人はいな

いでしょうか。

　反対に、あなたの職場で、「計画？ それがどうした？」、「計画なんて現場を知らない者が作るものだ」、「あんなものは、役に立たない」と言って、配られた分厚い計画をしまい込んでいる人はいないでしょうか。

　計画は、目標を達成するための共通認識を作って、組織内の連携を容易にし、人や組織を動かす準備のためのもので、命令を作成する根拠となるものですが、実行を命じるものではありません。

　実行を命じてリーダーシップを発揮するのは、"命令"です。人や組織を意図通りに動かそうと思えば、命じなくてはなりません。

　「言ったつもり」、「やっているはず」では、人を動かせません。

　行動する際には、結節をとらえ、具体的に何をどのように実行するのかを"適時適切に命令する"ことが必要です。

　適時適切に示される明確な命令は、齟齬をなくし、行動の効率性を高めます。

　どんなに短期の行動であっても、初めと終わりとその中間に結節があります。

　長期的な行動や広範な内容を含む目標を達成する過程には、いくつもの時間的、業務的な結節があります。

　"適時"とは、この結節のことを言っています。

　例えば、時間的な結節であれば、
　　開店・閉店時間、
　　昼休みなどの休憩時間、
　　朝・昼・夜、週末・月末・期末・年度末
などの区切りの時間があります。

　業務的な結節であれば、
　　会議による意思決定の段階、

主要な関係者と調整する段階、
　計画や命令を示達する段階、
　契約する段階、
　物品をオンハンドする段階、
　法的手続きの終了する段階、
　会計の締めの段階、
　キャンペーンの時期、研修や教育の完了時期
などさまざまな結節があります。
　この結節をとらえて、命令や指示を出します。
　そして、"適切"というのは、言葉の定義を明確にし、一H五Wで誤解のない表現をすることや、一つの命令で一つの行動を律する"一命一動"の原則を守ること、命令と実行者の能力とのマッチングなどを言っています。
　一つの命令で、二つも三つもの行動を律しようとすると、意図が不明確になって誤解を与えてしまいます。状況が読めないところまで無理に命じると、状況の変化に対応できず、部下の行動の自由を奪ってしまいます。
　下手をすると、状況が変わったにもかかわらず、誤った先入観でそのまま仕事を進めてしまいます。

　一度命令したら"督促"してはいけません。
　心配になって、「どうなっているか」、「どうしているか」、「ちゃんとやっているか」と、しょっちゅう不要な報告を求め、急(せ)き立てることが"督促"です。
　戦争で、優柔不断な指揮官がよくやる過ちで、強く戒められています。
　"督促"されると、不要な報告をしなくてはならなくなり、報告のための事実確認に余分な労力をとられます。

それだけならまだよいのですが、作戦が順調に進んでいるときに督促すると、上級指揮官が自分の行動に何か問題があると思っているのではないか、自分の行動が他の人よりも遅れているのではないかなどと、あらぬ憶測や疑念を招いて、判断を誤らせ、上下の信頼関係を傷つけてしまいます。

　場合によっては、無理をしてでも作戦を早く進めようとして不必要な作戦変更をしてしまい、いたずらに兵を疲れさせ、さらには無駄な犠牲を出してしまいます。

　一度命じたら、報告（結節）がくるまで、部下を信じて、ひたすら我慢することが必要です。

　目標を示した後の主役は、目標に向かって実行する人たちです。

　もちろんそこには「必ず報告がある」、「間違いなく目標に向かって全力を尽くしている」という上下の信頼関係があって成り立つものです。

　適時適切に命令しようとすると、事前に計画でシミュレーションしたのと同じように、行動間も常に頭のなかでシミュレーションを繰り返さなくてはなりませんから、仕事の推移を深く読む習慣が身につきます。

　これはリーダーにとってとても重要な資質の一つである"将来を読む能力"を養うことにつながります。

(6) 現況を把握し、実行を指導する

　実行を命じたら、現況を把握し、実行を指導しなくてはなりません。

　結節をとらえて報告させるか、自ら現場に足を運んで実情を把握したうえで、指導します。

　指導する際には、仕事の全体像と方向性を繰り返し示すことで、組織

と行動に対する信頼感を強くするよう着意します。

　組織内での競争を煽るよりも、チームワークを強調し、目標達成に向けて協力を促すことが効果的です。チームとしての一体感が高まり、任務遂行に対する動機づけが強くなり、チーム全体の集中力が働くようになります。

　現場は、部下とコミュニケーションをとる最適の場です。

　状況に応じた指導、部下の能力や個性に応じた個別指導は受け入れられやすく、認識のギャップが生じることが避けられて、部下に無用なストレスを与えることがなくなります。

　部下は自分のテリトリーにいるほうが考えを語りやすくなるものですし、わざわざ足を運んでくれた上司に対する信頼を強くします。

　現場に足を運ぶと、机の上では分からなかった雰囲気を感じ、自分が命じたときには気づかなかったことに気がついて、視野が広がります。

　部下の問題意識を聞き出して、現場で抱える問題点や部下の関心を的確に把握でき、問題解決の智恵を引き出すことができます。

　多くの人の話を聞くと、誰かの良い点から他の人の問題解決のヒントを得たり、ある人が抱える問題を周知することによって、新たな問題発生を防いだりすることができます。

　現場で問題点の原因を探れば、組織内のさまざまな問題が浮かび上がってきます。

　　計画に無理や間違いがあったのか。
　　命じられた人の能力や環境に適した、相応しい任務であったか。
　　情報、人事、兵站、システムなどの活動基盤に問題があったのか。
　　準備（時間の余裕、モノ、知識技能、教育訓練）に問題があったのか。
　　実行（資器材、ノウハウ、経験、手順、能力）に問題があったのか。

防ぐことのできたものなのか、不可抗力なものなのか。
管理運営（人、組織、コミュニケーション）に問題があったのか。
たまたま成果がでていないのか、時間がかかっているだけなのか。

　事務ミスや事故が起きたときに、その原因をどのようにとらえて対策し、解決を図るのか、という問題も同じです。
　小さな事象にとらわれず、現場のピンホールから組織全体を見ることが必要です。

　第二次世界大戦のヨーロッパ戦線において、連合軍の戦車は、ドイツ軍の優れた戦車や火砲などに対抗できませんでした。戦車砲を命中させても戦車を破壊できず、前進速度は遅く、車体前面は敵の戦車砲に打ち抜かれることが分かりました。
　そのとき、イギリスのモントゴメリー将軍とアメリカのアイゼンハワー将軍は、同じ問題点に対して、対照的な対応をしています。
　英国地上軍司令官のモントゴメリーが、部下に督励する手紙を書いて「それが真実であろうと、戦車の性能が劣るという発想を捨てて戦いに臨むように」伝えたのに対して、連合軍最高司令官であった米軍のアイゼンハワーは、すぐにマーシャル陸軍参謀総長に手紙を書き、戦車の専門家をアメリカ本土に派遣して、戦車砲の改善に着手するよう求めたのでした。

　一度命令が下されたならば、どんな困難があっても、何としてでも任務を達成しようと必死の努力をするのが軍隊であり、強い組織です。
　リーダーの一言がどのような影響を及ぼすものなのか、考えさせられます。

「現場には答えがある」と言われるように、現場でなければ分からないさまざまな気づきが与えられます。

時々、「現場には答えがある」のだから、俺が現場に行って指導したら上手く仕事が進むのだ、と豪語する人がいますが、それは単なる驕(おご)りやエゴでしかありません。

自分の責任を現場の人たちに押しつけて、カッコよく振る舞っているに過ぎません。

現場で何かに気づいたときには、謙虚に全般を振り返り、直ちに考えられるすべての対策、改善の処置をとることが"答え"です。

その対策、処置をする行動を見て、現場の人たちは、自分の仕事の重要性を再認識し、自分を支えてくれている組織全体へ感謝の気持ちを持ち、リーダーの視野の広さに信頼を強くします。

もし仕事のやり方が目的に適っていなければ、修正しなくてはなりませんが、そのときにも、できるだけ部下が考えているやり方を尊重し、部下の考えが実現できるようにアドバイスすることが部下のやる気を引き出し、自信を持たせることにつながります。

現場での指導をとおして、現場を大事にする習慣、問題解決に対する積極的な考え方、連携のとれた組織的対応など、現場重視の考え方を組織全体に広めることができます。

これは机の上では決して得られない重要な効果で、コミュニケーションの改善、組織の現場重視の風土となって定着していきます。

(7) 評価し、教訓を生かす

評価は、仕事の準備段階から終わりまで、継続的に行います。

変化の激しい時代に、目標を達成するためには、確実に現況を把握し、

そこから得られる教訓を生かして準備を整え、機微に実行要領を修正し、状況に適応させなくてはなりません。
　状況の変化に適応する能力、問題を解決する能力にリーダーの実力が現れます。
　どんなに準備をしても、計画どおりにいかないのが現実です。動き始めたらすぐに計画を修正するのは当たり前のことです。

　命じたものが正しかったのか、問題がなかったのかを常に検証し、もし間違っていたことが分かったり、問題を発見したりしたら、すぐにそれを是正する柔軟性が要求されます。
　仕事は"命じたらおしまい"ではありません。"命じたとき"から始まります。
　実行間、現場からの意見具申や業務改善提案を尊重して、できるだけ積極的に受け入れることは、当事者意識を高め、士気を高揚するという目に見えない大きな効果があります。

　計画は、構想を具体化し、行動の終始をとおしての指針になると同時に、行動終了後の評価基準になるものですが、継続的に修正して、状況の変化に適応できなければ、行動の指針にも評価の基準にもなりません。
　行動が終了したとき、行動を開始する前の落ち着いた状態で考えた計画に対して、どのくらい計画を修正したのか、実行要領が良かったのか悪かったのか、処置事項は適切だったのか、どの程度目標を達成できたのかなど、成功要因や失敗要因を分析、評価し、教訓を次に反映します。
　現場の状況に則したもので、かつ何をどのように実行するのか、考え方と具体的な実行要領が明らかにされていない計画は、評価基準になりません。

よくＰＤＣＡサイクルを回して仕事をしろ、と言います。

1　Plan　　（計画）
2　Do　　　（実行）
3　Check　 （評価）
4　Action　（改善）

このサイクルを回して螺旋を描くように、継続的に業務を改善していこうとするものですが、目標にした数字と結果として出てきた数字を比較するだけでは、何の対策も教訓も導き出せません。

どのような考え方で、どのように実行しようとしたか、そのための準備をどのようにしていたのかなどの可否を、出てきた結果に基づいて検証することが評価です。

また、計画を策定する者と実行する者との意識が離れてしまっている計画、つまり実行に使われていない計画や命令の根拠として使われなかった計画では、いくら評価しようとしても評価することができないのですから、教訓が得られるはずがありません。

組織をあげて策定した計画であっても、計画作成の主務者が、出てきた結果を見て、その都度、反省しながら計画全般を作り直し、組織全体で対策処置をとって、ＰＤＣＡサイクルを回わしていきます。

そういう柔軟性が必要です。

教訓は、実行者が納得して初めて意味のあるものになります。

"上司が部下を指導する"形で教訓を提示すると、どうしても押しつけになってしまい、教訓を教訓として受け入れられなくなってしまいます。

場合によっては、評価された実行者の士気を著しく落として次の仕事へのモチベーション失わせ、マイナス効果しか残らないことがあります。

ここで一つ、ＡＡＲ（After Action Review）という手法を紹介します。
　教訓は自分で考えさせなければ意味がない、というのでアメリカ陸軍で考案され、陸上自衛隊でも採用しています。
　訓練が終了した直後、記憶が鮮明で、他からの情報が入らないうちに、改めて状況の経過と結果を詳細なデータとともに提示し、一人ひとりの兵士に自分の行動を振り返らせ、何が問題で、何が成功の要因であったのかについて、第三者的にフリートーキングで話し合わせ、自らに最善の行動を考えさせるという方法です。
　問題点を掘り下げるのではなく、渦中で情報が入らなかったり気がつかなかったりした当時の状況を完全に再認識できたとき、「どうすればよかったのか」だけを話し合わせ、さまざまな視点から問題点解決の選択肢を考えさせ、自由に考えを述べさせます。
　各人に"気づき"を与えるために、データを示し、全員が発言することがルールで、その場で一つだけの結論に集約することはありません。
　責任を追及されたり、非難されたり、自分の問題点を指摘されたりするストレスから解放して、前向きに問題解決の方法だけを述べさせることによって気づきを与え、自らの改善を促すという方法です。
　およそ軍隊で採用されているとは思えないほどの柔軟な思考方法で、人材開発に大きな効果が認められ、米国の企業で広く使われているそうです。

4　人を育てる

(1) 能力を最大限に発揮させる

ア　リーダーとして育てる

　目標を示して部下に任務を与えたら、あとは命じられた者の責任だと、言いっ放しにする人がいます。
　また、「徹底」「徹底」と口を酸っぱくして言って、上司の意図を一言一句間違いなく伝えることだけに専念する人がいます。
　自分が言った通りに実行することだけを求め、部下の意見を聞かない人がいるかと思えば、逆に、部下から批判されることを極端に恐れ、他人の意見に迎合するばかりの優柔不断な人がいます。

　そういう人たちの多くは、自分がリーダーになったとたん、命じられる立場であった時代に感じていたことを、忘れてしまったかのように振る舞います。
　自分が100％理解したときには積極的に動くことができたが、納得していないときには消極的になったり、躊躇してしまったりした経験です。
　どうしようもないときに、とりあえず「はい」と返事をしてしまった……という苦い記憶は誰にでもあるものです。返事だけなら誰でもできますが、どう動くかは、感情によって人それぞれ、状況に応じて、さまざまです。
　また、「人は命令すれば動くものだ」と信じ込んでいるかのように振る舞う人もいますが、人は、何の説明も理由もなく「今までのやり方を変えろ」と言われれば、これまた、何の理由もなく、条件反射的に抵抗を示すものです。

部下に自から積極的に動いて、能力を十二分に発揮してもらうためには、説明し、説得して、理解させ、納得させることが必要です。
　こういう話をすると、「自衛隊は命令で動くからいいですね」と言う人が出てくるのですが、決してそんなことはありません。人を動かす苦労はどんな組織ででも同じことで、「99％説明と説得だ」と答えています。
　本当に良い仕事をしてもらうには、時間が許す限り説明し、説得し、教育して、理解をしてもらう努力と執念、そして結果を見守る我慢と忍耐が不可欠です。

　リーダーシップを発揮する場合が、どういう場面であったのかを思い出してもらいたいのです。
　何かの変化があって、今までにない行動をするとき、現状に挑戦するときに発揮するのがリーダーシップです。新しいことにチャレンジするのですから、誰も正しい答えを持っていません。
　そのときに仕事をしてもらおうとするのですから、丁寧に説明して、目的や狙い、役割について納得させ、やり方を考える時間を与えなければ、スムーズに動けるはずがありません。
　何も変えなくてよいのであればリーダーは要りませんし、説明の必要はありません。
　上司が言うのだから、部下は、すぐにその通り動いて当たり前だというのは、かなり傲慢な考え方です。
　ふだん、丁寧に説明し納得して理解してもらう努力をして、仕事をしているうちに、あなたの持っている価値観や人間性を知り、考えていることを理解できるようになって、そのときに初めて「おい」と言ったら「はい」と言って動いてくれるようになります。
　誠実に部下に接していて、部下もまた誠実に応えてくれるようになります。忠誠心は相互の関係を表している言葉で、決して一方通行のもの

でも、期待して養われるものでもありません。

「おい」「はい」と言って動いてもらう、時間に余裕のない緊急時に直面するのは、皆さんが一つの職務についている間に、一回あるかないか、というくらいでしょう。

重要な仕事を実行しようとするときほど、十分な時間の余裕をとって準備するのが当たり前なのですから……。

戦争中でもないのに、"緊急時"がしょっちゅう起こっているような組織は、あっという間にすり減って、疲弊し、潰れてしまいます。

よくパワハラが問題になっています。

パワハラをする人たちの多くが「俺たちは若いとき、そのような指導が当たり前だった」と言うのは、悪い経験を引き継いでいる見本のようなものです。悪い教師は悪い影響だけを残します。

反面教師は、悪い上司に育てられた人へのなぐさめの言葉です。

言ったことをやらせるのがリーダーシップだと考えている人たち、リーダーを育てようという発想のない人たち、指導力やコミュニケーション能力の欠けた人たちが、パワハラを起こしているように思います。

無理をさせてでも、一定の成果を出させるのが仕事だ、それが部下への愛情だ、と思い込んでいるのでしょうか。あるいは自分に自信や余裕がないのかもしれません。

「鍛えて、育てる」よりも、「善いところを引き出して育てる」、「自主性を引き出して育てる」ことやその価値に気がついてもらいたいものです。

人が能力を最大限に発揮するのは、行動を強要されたときではなく、自ら考え、自ら行動するように求めたときです。

人は、なし得る最善の努力を求められ、自らが潜在的な能力を引き出し開拓しようとするときに、自分の本当の能力に気づきます。

リーダーとして人を指導する機会を与えられたときに、知的能力だけがすべてではなく、人を思いやる気持ち、他人の優れたところを認める包容力、調整能力など、さまざまな全人格的な能力の必要性に気づかされます。
　指導者として指導し、指導者として指導されることによって、自分の全人格的な能力のレベルに気づかされます。
　人は、人によって磨かれ、人によって自分に気づくことができるものです。
　全人格的な能力を受け入れるようになったときに、人材が適材適所で能力を発揮するようになります。
　そうした経験を繰り返しながら、「自らをリーダーとして、自分で考えて行動できる人材」が、次世代を担うリーダーとして育つのだと思います。

　イ　強みを生かす
　「人の欠点を直すよりも長所を生かしたほうがよい」ことは重々承知しているつもりでいても、ついつい欠点のほうに目がいって悪いところを指摘し、直したいところばかりを熱心にアドバイスして、あとで「しまった」と思った経験のある人は多いのではないでしょうか。

　長所を生かすことの有効性を実証した研究が、『ストレングス・リーダーシップ』という本で、紹介されています。
　企業の経営陣が従業員の一人ひとりの強みに注目できていないとき、職場で従業員が仕事に熱意を抱く確率は9％しかありませんが、企業の経営陣が従業員の強みに着目すると、仕事に熱意を抱く確率は73％に跳ね上がる、というのです。

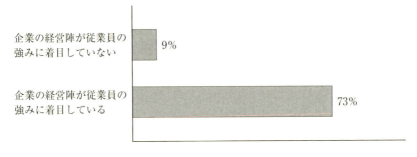

図4　従業員が仕事に熱意を抱く見込み
（『ストレングス・リーダーシップ』より）

つまり、部下が自分の強み（長所）に注目することを手助けできれば、熱心に仕事をしてくれる確率が八倍も高くなるということです。

それだけではありません。

若いうちに自分の強みを知って自信をつけた人は、生涯にわたって成長し続け、自分の強みを自覚していない人に比べて、仕事の満足度と年収レベルはより高くなり、しかも肉体的に健康である確率が高くなることが確かめられているのです。

この25年間にわたって7600人以上の人たちを追跡調査して得られた結果は、「累積優位性」と呼ばれています。

あなたにとっても、部下にとっても、そして組織にとっても、強み（長所）を生かすことがきわめて有益だということを示している研究成果を実行しない手はありません。

(2) 善きアドバイザーとなる

ア　職場の How To を伝える

皆さんが若い頃、新しい職場に異動したときに、何がいちばんの悩み

であったか、思い出してください。

　マニュアルに書いてある形通りの仕事は、読めば分かるからよいとしても、明文化されていない慣習や手続きが分からなくて苦労した経験や、人間関係で動いている暗黙のルールや、基本的な躾(しつけ)事項が理解できなくて困った経験はなかったでしょうか。

　仕事そのものではなく、日常の仕事の進め方に関する"How To"は、専門的な技術や知識と違ってあまり重視されることはありませんが、職場の仕事を円滑に進めるうえで、大変重要な意味を持つ部分です。

　馬鹿々々しいほどつまらないことでも、適切なアドバイスをしてくれる人がいたなら、どれだけストレスが少なくなって働きやすくなったことか、思い出してみてください。

　良く言えば伝統、悪く言えば悪習。

　その違いは、なかなか微妙なところですが、どんな組織にもそういうものは必ずあります。

　先輩が後輩に、善きものをはっきりと伝える雰囲気があれば、悪習は消えていきます。はっきりと口に出して伝えることができないものが悪習となって、次第にはびこっていくのです。

　善い"職場のHow To"や躾事項が職場に行きわたると、仕事が円滑に進むようになります。善いものを「善い」と言い、悪いものを「悪い」と言って憚(はばか)らない雰囲気は、職場を活性化させます。

　善い"How To"を伝えようとしない職場は、保守的になり、進歩がなくなります。

　仕事の進め方が分からなくて大きなストレスになるのは、どのような職場ででもある、実力を発揮する以前の問題で、新入社員だけの悩みではありません。

　例えば、組織内の重要な位置を占める優秀な部下が転勤していったあ

とに転入して来る人に、すぐに前の人と同じレベルで仕事することを要求する人がいますが、それはとても無茶な要求です。

皆、数か月なり半年なり一年なりの経験を積んで、やっと「優秀だ」、「仕事ができる」と言われるように育ってきたのです。

たまには飛びっきり優秀な人がいて、その席に着いたとたん、ガンガン仕事ができる人がいるかもしれませんが、ふつうはそうではありません。

慣れるまでの時間、つまり成長を待つことなく、いきなり前任者と同じ成果を出すよう期待するのはしょせん無理な話。そういう要求をする人は管理者として失格ですし、「君には期待しているぞ」と言われた転入者にとって有難迷惑な話です。

もしそんなに仕事のできる人がいたとすれば、それは能力と仕事内容のミスマッチが生じていて、優秀な人の能力を無駄に使っている可能性があります。仕事の任務分担を見直す必要があるでしょう。

人事異動による一時的なマイナスをカバーするように仕事の役割分担を見直し、先輩から後輩に"職場のHow To"を教えさせ、新しく来た人が能力を発揮しやすい環境を作ることによって、人を育てつつ、業務の質を改善、向上させるのです。

命じる前に、チームがより高い目標を目指せるように受け入れ態勢や指導態勢を整えることが、リーダーの基本的な役割です。

そうすることによって、チームや部下への指導力が上がり、チームが一体となって成功体験を共有し、喜びと充実感を分かち合うことができるようになります。

修業を何年もしなければ、一人前の寿司職人になれないと言っている時代ではありません。現実に、経験から得た情報をデータ化して論理的に、上手に伝え、数か月でそれなりの寿司職人を育てている学校がある

のです。

　どこまで技術が向上するかは本人の努力次第ですし、本当に身に染みつくまでには時間がかかるでしょうが、きちんとした情報の提供や教育が、知識や技術の習得を容易にし、上達を早くしているのです。

イ　善き経験を伝える

　組織のなかで立場が上がってくるにしたがって、さまざまな情報が集まるようになります。

　他の部署の成功談、事故を起こしそうでヒヤリとさせられた"ヒヤリ情報"、危険な目に遭ってハットさせられた"ハット情報"など、重要情報が伝わってきます。情報を聞いているうち、知らず知らずのうちに自分自身の経験の一部になっていきます。

　耳学問による間接的な経験の積み重ねの力は侮れません。

　「何だ、そんなことも知らないのか」、「そんなこと当たり前だろう」と偉そうに指導する人はどこにでもいますが、実はその人がすべての経験を踏んできたわけではなく、実は、誰かから聞いたり、岡目八目で気づかされたりしたことの方が多いのです。

　なかでも、最も有意義な情報は、職場での成功体験です。

　ともに汗を流して苦労した仲間の成功体験は、何から何まで事細かに伝わります。

　情報は、使わなければ何の価値もありません。

　よく学ぶ人は、情報を自分の教訓として取り込み、すぐに実行に移す人です。

　善いものはすぐ真似るところに価値があります。

　一から考えるよりも苦労が少なくてすみますし、自分に合わなければ、何のこだわりもなく、すぐに捨ててしまうことができます。

善いものを吸収しようとする貪欲さは、モノを見る目や考える力を養い、経験不足をカバーします。

　海軍提督であった山本五十六の有名な言葉があります。
　「やって見せ、言って聞かせて、させてみて、褒めてやらねば、人は動かじ」。
　経験を伝え、ノウハウを説明し、体験させて、喜びを与えて、人を動かす。
　人を動かすことと、人を育てることには通じるものがあります。

　山本五十六の言葉を語って、「褒めてやることが大事だ」と言う人がいます。
　それはそれで良いのですが、「何を褒めるのか」は重要な判断です。
　一生懸命にやっているのは分かるけれども、仕事の成果は今一歩で、どこといって褒めるところが見つからない場合があります。
　そういうとき、「褒めることが大事だ」というので、仕事とは直接関係のない接遇や気配りなど取るに足らないことを取り上げて、無理に褒めようとする人がいます。
　そうすると褒められた当事者や関係者もさることながら、それを周囲で見ていた人たちまで「あの人は接遇や気配りを重視しているのだ」と勘違いしてしまい、仕事の内容を考えるよりも、枝葉末節のことばかりに気を遣うようになってしまう、ということが間々あります。
　そういうときは、悪いところを取り上げるのではなく、例えば、「こうすれば、もっと良くなるよ」、「今度は、こんな工夫をしてみてくれよ」、「ここに焦点を絞って考えてくれ」というように具体的に指摘することが効果的です。
　一生懸命にやっていたのであれば「ご苦労様」、「ありがとう」と言え

ば十分です。

　間違っても、良くもないものを「よくやっているね」、「いいね」と良かったかのような誤解を与える言い方をしないことです。

　褒める効果はとても大きいだけに、褒め方はよくよく考えなくてはいけません。

　伝える努力は、職場での人材育成に通じます。

　その都度、誰かの失敗談、成功談を伝え、ときには注意喚起のために事例を紹介すれば、同じことを何度も繰り返す必要がなくなります。

　成功には成功した理由が、失敗には失敗した理由があります。成功から善き経験を伝え、失敗から多くの教訓を知らしめることで、考える力を養うことができます。

　成立した背景を含め、成功した要因や失敗した要因などの過程を知ることによって、頭のなかで情報が追体験に転換され、新しい状況に適応できるようになります。

　同じものを見ても、経験や能力や立場によって、そこから得られる教訓は異なります。立場に応じた気づきを与えることが、創造性を刺激します。

　善い経験は、実践で磨かれた智恵と汗の結晶です。

　優れたリーダーは、他所から仕入れた情報を伝えることにより、自分の職場を改善すると同時に、コミュニケーションを高め、人材を育成し、新しい仕事への対応能力を養うなど、一つのことをマルナに発展させるように仕事を進めます。

　しかし、リーダーがすべてを一人でやろうとするのは、あまり感心したことではありません。指導態勢を整えて、指導すべき立場の者を育てて人を使うのが、リーダーの役割です。

「基本が大事だ」と言って、基本や基礎や躾ばかりをうるさく指導する人がいますが、職場のリーダーが細かいことばかりを口うるさく言っていては、リーダーにしか指導できない大事なことを聞いてもらえなくなってしまいます。

職場の基本的なことは、リーダーが直接指導するものではなく、職場の先輩が後輩を指導することにより、徹底するのが効果的です。

部下に指導する経験の場を与えて、指導者を育てることで、職場でお互いに足りないところをカバーし合う雰囲気を作り、チームを作り上げていきます。

リーダーは一段高いところに立ち、全体に目を配って自分にしか指導できないことを指導することが必要です。必要なときに部下と同じステージに降りて行けばよいのであって、いつも同じステージに立っていると、全体が見えなくなってしまいます。

ウ　模範解答はない

問題が起きたとき、「教えるだの、人を育てるなど面倒くさいことをやっているほど時間に余裕はない。俺の言うとおりにやってさえいれば、良い結果が出るのだ」と言い切る自信家はどこにでもいます。

実際、たしかにそう思うことがあるでしょう。

しかし、本当に大事なことは、何が問題なのかを明らかにして、問題を起こしている要因を排除するとともに、部下の問題解決能力を高めることにあります。

指導することの目的と意味を考えなくてはいけません。

仕事を目標に向かって進めることと、部下の能力を高めることが焦点なのであって、問題の解決方法にこだわるのは、ほとんど指導する者の趣味でしかありません。

部下の能力が高くならなければ、また同じ問題が起こりますし、組織

に教訓が蓄積されません。

　言ったとおりにやらせて、目の前の問題をサッと片づけ、次のことに備える心の余裕を持つほうがよほどいいという考え方もありますが、任される充実感、そのときの達成感、自分で考えて実行する経験を優先するほうが、より重要だと思います。

　リーダーシップのキーワードは"変化への対応"でした。
　今までと違ったことが起きているときに、果たして"正しい答え（模範解答）"があるのかどうか。
　複数の答えがあるならば、それ以上に多くのアプローチの方法があって当然です。
　従来の問題解決の方法、特に学校教育では、過去に起きた事象を取り上げ、すでに明らかになっている結論を念頭において、現実に起きた問題点や予想される課題を解決する方策を教える教育ですから、常に模範解答（あるべき姿）が存在していました。
　問題には必ず唯一の答えがあり、その解答を教えることを前提として成り立っているものでした。
　しかし、現実の人間の営みの世界では、ものの見方、考え方、行動の動機、ものごとの意味づけは多様性に満ちています。トレンドが分かったとしても、唯一の正しい答えというものは存在しません。
　どこにも完璧な答えなどないのです。
　むしろその瞬間、瞬間に、時々刻々と、答えが変わってしまいます。

　例えば、ビール。
　季節ごとに"秋味"だとか、地域ごとに"〇〇の伏流水"だとか、新しいネーミングや注意を引く新しいラベルで商品を出していますが、ビールの味に決定的な違いがあるわけではなく、季節感、地域性に訴え

て、消費者の購買意欲を誘っているだけでしかありません。

　顧客の嗜好に唯一の答えがないことを認めて、感性に訴える努力をしているのです。

　昔の兵法に、「兵は拙速を尊ぶ」という言葉があります。
　戦いは、「巧くやろうと思って長引かせるよりも、多少まずくとも速く決着をつけるほうが良い」という意味で使われます。
　拙速が良いのか巧久が良いのかは、ケースバイケースで判断しなくてはなりませんが、往々にして巧くやろうとして時間をかけすぎるとマイナス面が大きくなってしまうことが多いので、それを戒めた言葉です。

　世のなかで起きるすべての問題に、唯一の模範解答があるわけではありません。
　将来起こるか起こらないか分からないことの「答え」があらかじめ分かっているわけでもありません。
　分かりもしない正しい答えや、ありもしない正しい手段、方法にこだわるよりも、もっと大事なことがあります。
　責任を持ってすばやく行動する人材を育て、その人材が活躍できる環境を作ることです。

　　目の前で起きた事象に対して、その場ですぐに答えを出すことのできる人材。
　　自分の考えで語ることのできる人材。
　　自分の考えを実現するために働きたいという信念を持った人材。
　　責任感を持って、最後までやり遂げようとする人材。

　多様な価値観を持つ人材を養い、自分の意志で動くリーダーを育成することは、組織の将来にとって大変意義のあることです。

5　組織を効率的に使う

(1) 組織を活かす

ア　コミュニケーションを大切にする

　管理者研修のアンケートで「あなたはどのような職場を作りたいと思いますか」と問うと、80％以上の人たちが「コミュニケーションの良い職場を作りたい」という趣旨の回答をしていました。

　私は冗談交じりに「皆さんは、よほどコミュニケーションの悪い職場で仕事をしているんですね」と笑っていたのですが、どこの職場でも、どのような立場の人であっても、自分の言いたいことを聞いてもらいたい、周囲の人たちの考えを知りたい、という欲求があることは共通しているようです。

　なぜ、コミュニケーションを良くすることを求めているのかを突き詰めると、改善したいという意欲、より心地よい職場を作りたいという欲求、向上心など、積極的な問題意識に行き着きます。

　満足している人はそれ以上のコミュニケーションを求めませんし、不満を抱いている人が前向きの表現を使うことはないからです。

　一方、どれほど皆が喜ぶ有用な改善をしようとしても、必ず現状を変えることに反対する人が出てきます。

　革命的に改革しようとするときはもちろん、どんなに小さな改善に対しても、今まで一生懸命に仕事をしてきた人たちが、これまで積み重ねてきた自分の仕事を否定されたかのように感じてしまって、否定的な態度をとったり、反対したりすることはよくあります。

　その反対する人を説得して安心感や希望を与え、賛成する人をより積

極的な参画者に変えるのが、コミュニケーションです。

　過去の仕事を積極的に評価して自尊心をくすぐり、仕事を発展させて、将来に向かってより役立つ存在になり、より良い職場作りに貢献するのだという意欲を持たせなくてはなりません。そのためには、納得させ、変化の過程において実績を上げることによって、変革の成果を実感させることが必要です。

　かなりのエネルギーが必要になりますが、コミュニケーションの不足によって職場における仕事の継続性を途切れさせ、人間関係を傷つけ、受け継いできた良き伝統を損なう恐れを考えれば、はるかに小さな苦労でしかありません。

　リーダーにとって、部下の感じていることで小さな問題などというものはありません。職場で起きるすべてのことは、リーダーの意図につながっています。

　コミュニケーション能力や感化力にすぐれたリーダーの下で働く人たちは、管理され、使われていると感じるよりも、自分の意思で自主的に動いていると信じて積極的に動きます。

　皆の意識が一つの方向に向かい、チームとしての一体感が生まれたならば、たとえ、大きな課題を抱えた改革に取り組んでいたとしても、必要なことなのだから当前やるべきことだと思って、ストレスを感じることなく、当然のように困難を乗り越えてしまいます。

　アイザック・リッズキーという盲目の経営者が、ＴＥＤカンファレンスで司会者の質問に答え、コミュニケーションを考えるうえで大変示唆に富む話をしています。

　司会者：「あなたはフロリダにある会社のＣＥＯです。盲目のＣＥＯ

というのはどういう感じですか。具体的にどんな困難があって、どう克服してきましたか」。

　リッズキー：「いちばんの困難がむしろ恩恵になりました。例えば、幹部会議で私にはジェスチャーや表情が見えません。だからできるだけたくさん言葉で表現してもらうことを学びました。私は常々みんなに考えていることを言わせています。そしてこの点で、私個人も会社も大きな恩恵を受けています。より深いレベルでのコミュニケーションを図り、曖昧さを避けられます。最も重要なのは「自分の考えに価値がある」と社員が自覚することです」。

　コミュニケーションと言っても、言葉を伝えることだけがコミュニケーションではありません。部下は、あなたの命令や指示の言葉を聞き、あなたの価値観や考えを知り、あなたの行動を見て、あなたが要求していることを判断しようとします。
　あなたのすべてを見ています。
　あなたの"思想"、あなたが発する"言葉"、そしてあなたの"行動"が一致して初めて、効果的なコミュニケーションを持つことができるのです。
　これらが一致していないと、じっと観察している人たちは混乱してしまい、あなたが何をしようとしているのか理解できず、自分たちがどうしたらよいのか判断に迷います。
　「背中で指導する」という言葉があるように、無言のコミュニケーションを意識し、大切にしなくてはなりません。
　コミュニケーションは双方向のものです。
　あなたが部下のことを知りたい、部下に何かを伝えたいと思っている以上に、部下はあなたの本音や本当の姿を知り、自分の気持ちを伝えたがっています。

コミュニケーションの手始めに、目的のない、肩の力が抜けたとりとめのない雑談をすることをお勧めします。
　無言のコミュニケーションと雑談……、相反しているようですが、この二つを心がけることで、部下との距離がぐっと近くなります。
　お互いに考えていることが分かれば、言葉は少なくてすみます。
　考えていることが分からなければ、百万言を費やしても、企図を正確に理解してもらうことはできません。

　コミュニケーションは、さまざまな技術の集合体です。
　話すスキル。書くスキル。表情や動作などのボディ・ランゲージのスキル。
　教育、計画、命令、講演、講話、メール、手紙、会話……多種多様な伝達手段がありますが、これらは皆、磨くことができるものです。
　毎日、一つひとつ心がけることによって、スキルは向上します。
　当たり前すぎるものなので、ついつい流行りのプレゼンテーション技術などに目がいってしまいがちですが、コミュニケーション能力のコアになる最も重要なスキルは、自分の意思を正確に伝える言語能力と他者に対する思いやりの心だと思います。
　この二つの能力が、簡単そうに見えていちばん難しい技術です。言語能力と他者を思いやる気持ちを地道に磨くことによって、他のコミュニケーションのスキルがいっそう有益な役立つものになるでしょう。

　コミュニケーション能力の良し悪しは、さまざまな場面、特にお客様サービスでテキメンに現れます。
　ふだんの生活や職場内で、対人関係が上手くいかなかったり、思いやりや配慮に欠けた言動があったり、親密な関係を築けない人が、どうやって見ず知らずのお客様と親密なコミュニケーションを取れるのだろ

うか、という問題です。

社内でのコミュニケーションを良くする努力は、お客様サービスの最高のトレーニングになります。

イ　報告および通報を習慣づける

部下を直接動かす立場にいるときは、現場の状況をつぶさに把握する機会が目の前にあります。

しかし立場が変わって、中間管理職になり、さらに大きな組織を動かす上級管理職になると、間接的に状況を把握し、指示を出して指導する機会が多くなり、現場の状況を自分の目で直接把握することが難しくなります。

いくら立派な計画を策定しても、それが現場でどのように実行されているかを把握できなければ、上手くいっているのか、問題があるのか、評価のしようがありません。

結果だけを見ていたのでは、実行途中の段階で、有効な改善策を施すことはできません。

長期かつ広範多岐にわたる仕事の現況を、適時、的確に把握する手段として、各階層の指揮官をつなぐものが報告および通報です。

陸上自衛隊では、報告および通報を「指揮官の指揮を容易にし、また、関係部隊相互間、あるいは部隊と関係部外機関との間における状況の理解、意思の疎通、調整および協同を容易にするほか、必要な諸記録の資料となる」ものだと定義し、資料を公的な記録文書として一定期間保管します。

報告は、通常、指揮系統にしたがって、下級部隊から上級部隊へ上げます。

通報は、上級部隊から下級部隊へ、あるいは関係部隊相互間に流され

ます。

　報告および通報は、命令の実行状況を適時に把握し、指揮官のリーダーシップを組織の動きに結びつけます。

　　命令を受領したら報告・通報
　　命令を実行したら報告・通報
　　中間の結節で報告・通報
　　命令の前提に大きな変化が生じたら報告・通報
　　命令の達成に重大な問題が生じたら報告・通報
　　命令を完了したら報告・通報
　　結果や評価が明らかになったら報告・通報
　　次の行動の準備が整ったら報告・通報

　報告および通報の重要性は、強調しすぎても、しすぎることはありません。

　公的文書によって、部隊の意思決定から実行の過程までが詳細に記録され、追跡することができますので、責任の所在が明らかになります。

　報告および通報は、いわば組織の"血流"のようなもので、計画の作成、命令の発出、状況判断、対策・処置を容易にし、意思決定の背景となる情報を伝えるものになりますから、誤解がないように厳格に言葉を定義しているのです。

　同じ"報告""通報"と言う言葉を使っても、何となく話（情報）を伝えることを意味する言葉とは、まったく性格が異なります。

　作戦の全体像を把握し、指揮官が必要とする情報や時期を理解していないと、報告内容に漏れが出てきます。指揮系統や業務の関連性を理解していないと、配布先に抜けが生じて、情報が共有されません。

　報告および通報は、"指揮官の責任"ですから、必ず指揮官が最終

チェックをします。

　報告する時期は、部下指揮官にとって、自分の仕事の経過を整理し、事後の行動方針を考える結節になります。

　とは言いながら報告は、現況を把握して業務を効率的に進める手段でしかありませんから、それに手間と時間を取られるのは、本末転倒で、業務を阻害してしまいます。

　できるだけ簡潔でなくてはなりません。

　無用な報告や頻繁な報告の要求は、現場の活動時間を制約して仕事の進捗を妨げ、行動を阻害してしまいます。

　日露戦争の沙河会戦で、苦戦が続いて総司令部の雰囲気が殺気立っていたとき、指揮所に現れた大山総司令官の「今日もどこかで戦がごわすか」という惚けた一言で、司令部の空気がたちまち変わり、皆が冷静さを取り戻したという逸話があります。

　この話は、司馬遼太郎の小説「坂の上の雲」で紹介されていて、茫洋とした大きな人物像を理想の指揮官（リーダー）として語る際によく取り上げられるエピソードで、昭和初期の陸軍でもよく語られていたそうですが、そこにもう一つの裏話があります。

　この話を聞かされていた若き頃の今村均（人格に優れ、聖将と慕われた人物で、のち大将）は、いくら何でも総司令官が戦闘開始を知らないはずがない、この話の裏には何か理由があったのではないか、と疑問を持っていたそうです。

　そして、日露戦争当時、児玉源太郎総参謀長の下で参謀を務めていた大先輩の田中義一大将にお会いした機会に当時のことを尋ねると、「実はそのとおりなのだ」、「沙河会戦の頃になると当初の連戦連勝に司令部内の軍紀が緩んできて、それまで適時に報告されていたことが、当たり前のことだから知っているだろう、これくらいのことは大丈夫だろうと、

疎かにすることがしばしば生じていた。それを気にしていた大山総司令官があのような発言をされたのだ」、「あの発言で、またきちんと報告がされるようになり、作戦が進むようになった」というのです。

　大山巌という人は、大変几帳面な司令官で、つぶさに報告を求め、常に第一線の状況の細部を掌握しようとしていたし、疑問が生じたときにはよく部下に質問し、第一線の状況を把握していたというのが本当の姿であったそうです。
　大組織のリーダーの一言が、たった一言であっても、組織全体に過敏な反応を及ぼし、本人が思いもしなかった大きな影響を与えてしまうことはよくあることです。
　部下に無用なプレッシャーを与えないように気を遣いながら発言し、意図どおりに人と組織を動かす、目配り、気配りは、さすがに大人物像のモデルにとりあげられるだけのことがあります。

　　ウ　相談には答えを出す
　一般的に使われる言葉で、ホウレンソウ、報告・連絡・相談があります。
　これは、陸上自衛隊で使われている「報告および通報」とほぼ同義で使われているようですが、そのなかにちょっと定義があやふやな"相談"という言葉があります。
　本来、「仕事上の上下関係がなくても、問題解決のために第三者的な意見を聞きに来てもいいぞ」という意味で使い始めたものでしたが、最近は、上下間のコミュニケーションを円滑にしようという意図で「個人的なことでも何でも相談しに来い」などという趣旨で使う人が出てきたために、少し誤解を招いているように思います。
　部下が上司に相談するとなると、何らかの仕事に関係することを相談するのが当たり前で、「何でも……」というのはとても大らかで有難

ように感じられるものの意味不明な表現で、そう言われたほうが困ってしまいます。

　私的な問題は自分で答えを出してもらうしかありませんが、仕事に関する相談を受けたのであれば、上司は、必ず何らかの答えを出すべきです。

　もし相談した人が自力で解決しなければならない問題なのであれば、自分で答えを出せるまで、辛抱強く、話を聞くべきです。

　個人的な相談であれば、仕事の時間外にゆっくり話を聞いて、個人的に責任の持てる範囲でアドバイスすればよいでしょう。ただひたすらに話を聞いて、満足してもらうしかありません。

　家庭の事情が絡んでいる問題などでは、相談内容が自分の経験や知識の範囲を超えていることがあります。理解できないことがあるときには、迂闊に自分の考えを言うべきではありません。

　自分一人の経験の範囲などたかが知れています。

　話を聞いて質問を繰り返し、問題点を探し出し、問題解決の方策を自分で考えさせ、答えを出させるしかありません。

　コーチングです。

　無用な期待を持たせたり、答えを押し付けたりしないことが大切です。

　常に職場全体に対する影響を考慮しなくてはなりません。もし仕事上、力になれることがあるのであれば、どんなに些細なことにでも手を差し伸べるべきです。

　家族に関する問題の把握と対策は、ワークライフバランスの改善の出発点になります。できるだけオープンすることで、職場全体の相互理解の向上や一体感の醸成、社員の士気の高揚につながります。

(2) 組織で率いる

　リーダーの最大の特権は"人を使う"ことです。
　スーパーマンのようなリーダーになってすべてを自分で取り仕切ろうなどと考えるより、まずは自分のチームのメンバーの顔ぶれ、構成、人間関係をよく見て、"人を使う"ことです。
　人には持って生まれた適性がありますから、得手不得手を見出だして、長所を生かすことが重要です。

　あなたの職場をよく観察してください。
　① ムードメーカーになっている人
　　職場全体の明るいムードを作り出して、職場の潤滑油になっている人。
　② 企画力で引っ張っている人
　　周囲の人たちに好かれているか好かれていないかに関わらず、素晴らしいアイデアを出して、企画することに優れている人。
　③ 精神的な支柱となっている人
　　寡黙でふだんは目立たなくても常に黙々と仕事をこなしている姿に皆が一目置いていて、何か問題が起きたり困ったりしたとき、皆がその人の顔色や態度を伺い、頼りにしようとする人。

　この三つの役割を果たす人たちが組織を動かしていることに気づくでしょう。
　どのような組織でも、どのようなスポーツでも同じです。
　例えば、野球で言えば、常に大声を出してチームに檄を飛ばしている選手、試合中常にチーム全体に指示を出しているキャッチャーや、試合

だけではなく私生活を含んでチーム全体に目配りをしているキャプテン、大黒柱となっている四番打者、というような役割分担です。

どの人が欠けても、チーム作りが難しくなります。

もし今、職場にそのような人がいなかったならば、部下のなかからこの三つの役割を果たす資質のある人を見出し、意識してその人たちを盛り上げて、育てていけば、職場はきっと上手く回り始めます。

人間の組織は、本質的にそういう機能を必要としているものです。

また、若くても能力の高い人がいれば、後輩を指導する役割や意見を発表する場を与えて使うことです。その人の能力を組織全体に生かすことができますし、将来に備えて経験を積ませることができます。

あるいは、部下を指導したり、話を聞いたりするとき、どうしても相性の悪い人がいるのであれば、誰か相性の良い人に頼んで話を聞いたり、指導したりすれば気持ちよく仕事をできるようになるでしょう。

責任を逃れることはできませんが、目的を達成できるのであれば、お互いにストレスのないほうが問題解決の早道になります。

組織への影響力は小さくても、常に黙々と下働きをして働きやすい環境を作ってくれている人がいます。こういう人は、積極的に賞賛して評価を皆に知らしめるべきです。目立たぬ地味な仕事に価値を見出す人が現れるでしょう。

これらの役割だけではありません。

"職場の How To"を教える役割、躾事項を指導する役割、技術のコツを教える役割、それを指導する役割など、組織を活かすには、職務に付随するさまざまな役割を必要としています。

すべてをマニュアルで決めようとすると、血の通わない規則だらけの

職場になってしまいます。
　リーダーがすべてを一人でこなすことはできませんし、やるべきでもありません。人が育つ芽を摘んでしまうことになります。
　人を上手に使うことは、組織を使うことにつながります。
　各人の役割がお互いにはっきり分かるように命令や指示を与えれば、自然に連携のとれた組織的な動きをするようになります。
　人は人によって育てられるというように、先輩が後輩を育てようとすることで、指導者が育ち、個人の集まりが、一つのチームに育っていきます。
　自分のチームを作ることができたら、一人前のリーダーです。

(3) 適材適所で人材を活かす

ア　部下の話を聞く

　人の能力を測るのはとても難しいことです。
　自分の持っていない能力を持つ者をそばに置いて活用することはきわめて有益なことだと知りながら、異なる考えを持つ者を遠ざけ、自分にない能力を積極的に評価できないのです。
　私は、部下にこのように言っていました。

　あなたは、あなたの仕事に関して一人しかいない専門家だ。
　専門家なのだから、素人の私に話をするときには、現状を説明して、「だから、こうしたほうがよいと思います」、「これが私の考えるベストの案です」と言って欲しい。
　間違っても「どうしましょうか」と聞かないでもらいたい。あなたの仕事に関して、私はあなたよりも素人なのだから。

もしも話を聞いて分からないことがあったら、理解できるまで質問させてもらう。
　そして、もし別の方法が良いと思ったら、そう言わせてもらう。
　そのときは、私の案が分かったのか分からないのか、問題があるのかないのか、できるのかできないのかを、遠慮なく素直に言ってもらいたい。あなたの考えが「もっともだ」と思ったら、もう一度、考え直す。
　それでもやって欲しいと思ったときには「やれ」と言う。
　それで問題が起きたら、そのときは「ここが問題だ」と言って、具体的に指摘してくれ。
　そうしたら、また考える。
　皆さんはそれぞれの職務のプロなのだから、私はプロの言うことは聞く。
　ただ、私は皆さんと立場が違うので、判断する観点や情報量が異なることがあるかもしれない。そのときは私の話を聞いてから、「私はこう思います」と、はっきりあなたの考えを言ってもらいたい。

　こうした会話は、あなたのチームに幾つかの素晴らしい効用をもたらします。
　一つは、部下とのコミュニケーションが図れること。
　二つ目は、部下との会話を通じて現場の状況を知ることができること。
　三つ目は、新しい知識を得ることができること。
　四つ目は、自分の考えを正確に伝えることができること。
　五つ目は、部下を育成できることです。
　もちろん一回きりの会話ですべてが解決できるわけではありませんから、時間が許す限り会話を繰り返し、話を聞く必要があります。
　部下とのコミュニケーションでは、話す努力よりも聞き出す努力、特に、部下の考えを言わせる努力が優先します。

要点を質問してそれに答えさせる会話の間に、部下の答えが出てきます。

　部下の話を聞くときには次のことに気をつけるとよいでしょう。
　一つ目は、部下の話を否定しないことです。
　否定すると、せっかく話を聞いても、相手は話を聞いてもらった気持ちになれません。
　二つ目は、やって欲しいことは、はっきり言うことです。
　分かってくれただろうと、思うのは間違いのもとで、誤解を招くもとになります。異なる考えは意外と伝わらないものです。
　三つ目は、駄目なことは、聞き終わってから、はっきりと「ここは駄目だ」と言うことです。
　話を聞いてもらったら、それだけで自分の意見が通ったのだと勘違いする人がいます。
　やって欲しいことをはっきりと伝えることですむならばそれでよいのですが、白黒をはっきり伝えなければ、自分の都合のよいように解釈してしまうのが人の常です。こだわりが強い部分は、特に気をつけなくてはいけません。
　もし、それを言わずに誤解を招いたのであれば、言わなかった者の責任です。
　こういったコミュニケーションによって、部下の適性を見きわめ、能力を引き出すことができるでしょう。

　部下と話をするときは、話の焦点を絞って、何を理解してもらいたいのかを明確に伝え、どのくらい伝わっているのか、どのように受け取られているのかを、常に考えながら話をすることです。
　言いたいことを言いたいように言うだけで伝わるものではありません。

いくらあなたが素晴らしいアイディアだと思っても、それを実行する担当者の能力を超えたものであれば、うまくいきません。場合によっては、部下が潰れてしまいます。

　そうなったのであれば、あなたの出した解決策や指導の仕方が誤っていたことになります。

　部下の能力に問題があったのだとしても、それを見抜くことができず、適材適所で人を使っていなかったリーダーの責任です。

　すぐにチーム編成や役割分担を見直さなくてはいけません。

イ　自由度の高い職場にする

　同じ職場にちょっと変わった人や馴染めない人、問題を抱えている人がいると、その人を排除しようとする人がいます。

　例えば、家庭に問題を抱えていて仕事に制約ができている人を悪しざまに言ったり、冷たく接したりする人たちです。

　そういう問題を抱えている人たちには、できる限りの配慮を示して、皆で支援する姿勢を打ち出すことです。

　職場のすべての人たちは内心、"明日は我が身"かもしれないと思っているのです。口に出さずとも、「もし自分がそのような立場になったら同じように扱われるに違いない」と心配しながら見ているのです。

　互いにカバーし合う雰囲気を作ることで、職場に安心感と一体感が生まれます。

　仕事で失敗したときに上司がどう反応するのかは、全員が息をひそめて、鵜の目鷹の目で見ています。

　まずは失敗による問題の拡大を防ぎ、被害を最小限に止め、原状回復に努めることが先決です。怒ったり、非難したりしている暇はありません。

一生懸命にやって失敗したのであれば、失敗の教訓を生かして進むことに全力をあげるべきです。新しいことにチャレンジして失敗したのであれば、そのチャレンジ精神は賞讃すべきものです。
　怒るよりも、失敗の要因を予測できなかった、己の不明と指導力のなさを恥じて、反省すべきです。そういう謙虚さは、成長の糧になります。
　不正や誤魔化しを許してはいけません。
　そのときに怒りを現さないことは、組織全体に与える悪影響の芽を残し、将来に禍根を残します。
　しかし、組織の"勢い"を止めてしまってはいけません。
　一度"勢い"を止めてしまうと再び動かすのに、膨大なエネルギーがかかってしまいます。"勢い"を失った組織は坂道をころげ落ちるように、どんどん衰退していきます。

　同じような考えの人ばかりがいると、新しいものを取り入れる進取の精神が損なわれ、"才能"を締め出してしまいます。
　はっきりと自分の考えを言う機会が減り、議論に広がりが生まれず、雰囲気に流されやすくなり、かえって排他的になってしまい、窮屈な人間関係が生まれます。
　異質な人間が入り混じった多様な人材が集まっていると、組織に広がりと深さが出てきて、自分と異なる考えを受け止め、新しいものを受け入れる気風や活気が出てきます。
　最も有難いことは、自分の足りないところや気がつかないところを補ってくれる人が出てくることです。
　能力が高くて仕事ができる人ほど、言いたいことを話し、自分の考えを聞いてもらえる自由度の高い伸び伸びとした雰囲気のある集団に所属したいと思うものです。
　そういう職場を作る努力が必要です。

目標を示すということを例えて言えば、「富士山に登れ」と命じるようなものです。
　富士山に登るには、たくさんのルートがあります。
　富士宮からのルートもあれば、御殿場口のルート、須走、吉田口……人によっては、まっすぐ登ってみたいという人がいるかもしれません。
　登るには、360度さまざまなルートがあり、いろいろな方法があります。
　必要があればルートを指定してもよいと思いますし、何時までに登れと時間だけを指定しても構いませんが、もし好きなルートで、好きな方法で登りたいというなら、できるだけ、希望どおりにやらせることが望ましいと思います。
　決められたルートでは決して得られない発見があるでしょう。
　まっすぐに登れば、グランドキャニオンと呼ばれる峡谷を見られるかもしれませんし、雪解けのとき、東洋のナイアガラと呼ばれる大滝を見られるかもしれません。
　パラシュートで降りてくるという手があるかもしれませんし、今流行のロボットやドローンを使うという新しい発想が出てくるかもしれません。
　自分で決めたのだという喜びとともに責任感が出てきますし、自分でやったのだという充実感と自信が得られます。あなたの部下が、あなたが今まで気づかなかった能力を見せてくれるかもしれません。
　何よりも、あなたの職場に、自分の意志で目標に向かうチャレンジングで、自由な空気が広がることに大きな価値があります。

　「外部からの目で見たときに、魅力を感じる組織はどのような組織なのか」を考えれば、あなたの職場に必要なものにすぐに気がつくでしょ

う。

　多様な部下を受け入れて能力を発揮させ、個性を調和させて組織の力を外に向かって発揮させることがリーダーの仕事です。異質な能力を持った者を尊重し、お互いに認めようとする職場作りを目指すべきです。

　美しいメロディーを奏でるオーケストラの演奏をバラバラにして、一つひとつの楽器が発している音を聞くと、いったい何の音楽を演奏しているのか、さっぱり分かりません。しかしそれを指揮者のコンタクトに合わせて演奏したとたん、数十の楽器の発する音が重なり合って素晴らしいメロディーを創り出します。
　しかも指揮者によって、まったくと言ってよいほど、違った表現で演奏されます。
　多様性が新しいアイディアを生み出す活力の源になるのは、オーケストラが素晴らしい楽曲を生み出すのに似ています。

　リーダーシップやマネジメントの研究は、戦いのなかから発達してきたと言いました。たしかに、必要は発明の母だと言いますし、論理性、合理性を極限まで追求することが、組織の効率性を高めます。
　その一方、多くの新しい斬新なアイディアは、それらとは対極にある遊び心から生まれています。というよりも、不便を解消したい、楽になりたい、楽しい思いをしたい、喜ばせたい……という自然な欲求がなくては新しいアイディアは湧いてきません。
　好奇心や探究心は、心の余裕から生まれるのです。
　心の余裕をなくすまで、効率性を追求してはいけません。
　また"変化への対応"がリーダーシップの真骨頂だと言いました。
　多様な幅広い人材を持つことは、組織内に、多様な事態に対処できる"変化への対応力"を養うことにつながります。

多様性や自由度を認める感性は、多様な機能を持ち、多くの人材を活かさなければならない大きな組織、新しいものにチャレンジして発展していこうとする組織のリーダーに、必要不可欠な資質です。
　さまざまな考えを持った人たちと接していると、寛容に、そして公平に接することの重要性が理解できるようになります。
　段階を踏んでそういう資質を磨いた人が、大きな組織、発展していく組織を率いていくリーダーに成長していきます。

　自由度の高さは、経済活動の結果に反映します。
　米国のヘリテージ財団とウォール・ストリート・ジャーナルが毎年発表している『経済自由度指数』があります。これは世界的に権威ある指数の一つだと言われています。
　ビジネスの自由、貿易の自由、財政の自由、政府の支出、通貨の自由、投資の自由、金融の自由、財産権、国の腐敗からの自由、労働の自由の十項目から総合スコアを出しているもので、経済自由度の水準が高い国ほど、人口一人当たりのＧＤＰが大幅に高くなる傾向を示しています。
　日本では、日本の評価づけが低すぎる（2017年度、180国中40位にランキング）という理由などで批判的に語られることが多いようですが、労働生産性の評価と同じように、自由度の高い社会や組織ほど、人間の能力をより発揮しやすい環境条件を整えていて、大きな富を生み出していることを証明している指数だと、前向きに評価すべきだと思います。

6　リーダーシップのスタイル

(1) リーダーシップとマネジメント

　リーダーシップが、指揮「人を動かすこと」と、管理（マネジメント）「組織を効率的に動かすこと」と、統御「人の能力を最大限に発揮させること」の三つの要素で構成されていると述べたように、ここではリーダーシップが、マネジメントよりもより統合的な概念だと位置づけています。

　二つは、対立する概念ではありませんが、二つの言葉を使っている人たちが伝えようとしている話の趣旨をよく理解しなければ、言葉を混同するだけでなく、頭のなかを整理できなくて、アイディアを行動に結びつけることが難しくなってしまいます。

　リーダーシップが"変化への対応"に着目しているのに対して、マネジメントは組織の"効率性の発揮"に重点がおかれます。

　リーダーシップは主として人に焦点を当てるときに使われ、マネジメントは組織運営に焦点を当てるときに語られます。

　リーダーシップは、リーダーの価値観を実現する外向きの力となって働きます。

　それに対してマネジメントは、目の前の仕事に関する知識、技能を磨くことで能力が養われ、人材を育成し、組織の効率性を高めることで、リーダーシップの発揮能力を大きくしていくという、内なる力として働きます。

　リーダーシップでは、新しい目標を達成するために大きな組織改革に取り組む場面を語ることがありますが、マネジメントでは、現在の役割

機能は大きく変えず、改善によって組織の効率性の発揮を重視する場面を語ることが多くなります。

　リーダーが自分で新しい正しい目標を見出そうとするのに対し、マネージャーがリーダーシップを発揮する際には、上司の意図を推し量って目標を具現することを重視します。
　組織の一単位を丸々全部任されている人はリーダーとして自分の色を強く出すことができますが、組織の一部の機能を任されている人は、上司の意図の範囲内でマネージャーとしてリーダーシップを発揮する色合いを強くします。

　「組織の三菱、人の三井」などと言われるように、組織の統一性を重視する組織ではマネジメント能力が高く評価されますし、個人の能力発揮を重視する組織では、個人の積極的な行動やリーダーシップの発揮を重視する傾向が強くなります。
　どんなに小さな組織でもどんなに大きな組織でも、自分一人で仕事ができるわけではありませんし、どんなに偉くなっても、常にお山の大将でいられるわけではありません。
　人を動かし、組織力を発揮できなくては、大きな仕事はできません。
　どちらに視点を置いて語るかによって、違いが出てきます。

　攻めが得意なリーダーと守りに強いリーダーがいると言われます。
　リーダーシップは本質的に組織の力を外に向かって発揮するように働き、マネジメントは組織の内向きの調整を重視するよう内向的に働きます。
　組織の力を貯めるときには内向きの、貯まった力を外に向けて発展させるときには外向きのリーダーシップを発揮する人が活躍します。

組織の力が外に向かって発揮されなければ、組織の発展はありませんから、外向きのリーダーシップは、より革新的に発揮されます。

戦国時代、まず国内の農業を振興して国力を蓄えるために、治山治水を重視しなければならなかった武田信玄と、通商・金融・経済政策を重視して富を蓄え、武士階級を常設の戦闘機能として整備しながら武士団を統治のための官僚機構として編成し、支配地域を拡大、統治していった織田信長。
この二人の戦国武将は、リーダーシップのスタイルの違いを体現しているように思います。

リーダーシップのスタイルは、個人の性格よりも、その時代にどのようなリーダーが求められているのか、時代の要請や地理的環境などの外部環境によって決まってくるのかもしれません。

(2) 個性を発揮する

多くの本を読み、人の話を聞いて、どのようなリーダーになればよいかと、リーダーの条件やリーダーシップ発揮のスタイルに頭を悩ます人がいますが、そんなことを気にする必要はまったくありません。
リーダーシップを発揮する場面はさまざまですし、動かされる人の個性はバラバラ、それを動かすリーダーの個性が違っているのですから、リーダーシップの発揮のスタイルに定型があるはずがありません。
リーダーシップは「人を動かす」ことに尽きます。
結果がすべてで、どういうふうに人を動かしたのかはまったく問題にされません。

悩むよりも、あなたが成すべきことは、どうやって目標を実現するのかを決めて、実行に移すことです。
　時間は待ってくれません。
　何をしたいのか、あなた自身がどうあるべきなのかを真剣に考え、目標達成の過程を通じて実現すべき「精神的な徳目」（価値観）を決め、どのように部下を育てるのかを決めることです。
　そこに個性が出てきます。
　　歴史上、名前を残した人物を思い出してください。
　　あなたの周りで、仕事ができると言われている人を見てください。
　　あなたが魅力を感じている上司を見てください。
　誰一人として、"皆と同じだ"という人はいないでしょう。
　個性が光っているところに、魅力を感じるはずです。
　"皆と同じだ"ということは、「私ではない人を選んでください」と言っているのと同じことです。
　個性を感じない人に、いったい誰が魅力を感じるのでしょうか。
　リーダーシップの解説本では、個性を持ち出すとそれこそ答えを出せなくなってしまいますから、誰もが喜ぶ美しい姿だけを切り取って、立派な人物、人格者、理想的な人物をモデルとせざるを得ません。
　筆者の好みを強く出し過ぎると売れなくなってしまうこともあるのでしょう。
　しかし、没個性のリーダーなんて聞いたことがありませんし、もし教科書のような人物がいたら、皆、敬して遠ざけてしまいます。
　知識を身につけ、仕事の技術を磨き、人間を知り、そして人や組織を動かす術を身につける努力をして、初めて生まれるものが個性です。

　画家は、幾つもの名作の模写を繰り返すことによって、筆使い、色使い、構図などを学び、技術を身につけ、感性を磨きます。模写した作品

と同レベル以下であれば、贋作だ、盗作だとしか言われません。
　いくら模写を繰り返しても消せない本人の癖、それを「個性」と呼びます。
　書道でも同じです。
　古典の臨書を繰り返して、筆法を学びます。形をまね、作者が書いた当時の意識を学び、臨書します。
　古典と同じように書こうとして、どれだけ臨書しても、どうしても同じ文字にはなりません。しかし、その人と成りが文字のなかに表現されるようになって、新しい一流の作品が生まれます。

　たまたま巧くいったり、もてはやされたり、高い評価を得たりするのは、"偶然"と"運"の成せる業で、長続きするものではありません。どんなに素晴らしいように見えても、子供は子供、素人は素人です。
　促成栽培のようにしてできたものは、あっという間に消え去ってしまいます。
　未熟な間は"癖"でしかなかったものが、地道な練習を重ねることによって基本を身につけると"個性"と呼ばれ、多くの人から尊重されるようになります。
　人を動かす術も同じです。ひたすら学び、良いものを取り込み、真似て、実践を繰り返して、リーダーは生まれます。

　個性は、性格や経験などの違いによって現れます。
　同じアメリカ大統領でもリーダーシップの発揮の仕方は、人によって、かなり違っていました。

　"意思決定すること"を好む大統領であったと言われているトルーマンは、学歴などのコンプレックスが強くて"強い大統領"を演じたがる

性向があったと言われています。ひょっとすると答えの見えている問題ならば、早く結論を出した方が効率的だと、合理的に考えていたのかもしれません。

これに対して、軍人出身のアイゼンハワーは、"自らの意思決定を避ける"傾向が強かったと言われています。

これはおそらく、大きな組織を動かすときには、できるだけボトムアップでの調整を重んじたほうが、組織全体の自主性が発揮され、意思決定した後に組織が動く速度が速くなり、かえって大きな柔軟性やレジリエンスが生まれることを、大部隊を指揮した経験や政治的な統合を演出しなければならなかった連合軍司令官としての経験から、学んでいたのだろうと想像します。

方針と、決心しなければならない最終的な時間だけを決め、具体的な検討や実行はできるだけ部下に任せるようにしていたのでしょう。

どちらが良くて、どちらが悪い、と言う問題ではありません。

しかし、「人を動かし、組織を動かす」には動かされる人たちの積極的な支持を得ることが必要不可欠だというのは、間違いありません。

リーダーが周囲の人たちから好まれれば好まれるほど、多くの人たちから信頼されれば信頼されるほど、積極的な支持は大きくなっていきます。積極的な支持者が多ければ多いほど、その支持が持続すればするほど、大きな仕事ができるようになります。

リーダーの努力は、人を惹きつけるための努力でもあります。

個性を磨くことによってあなたの魅力が増し、少しずつ自分自身のリーダーシップのスタイルができ上がっていきます。

「ローマは一日にしてならず」。

(3) 組織の大きさ、仕事の内容、部下の経験に合わせる

リーダーシップの教科書本などを読むと、「統率型（ピラミッド型）」、「調整型（フラット型）」、「構想型（プロデューサー型）」などというリーダーシップのスタイルに類型化していますので、どれか自分に合ったスタイルを選ばなければいけないのではないかと悩んでしまう人がいるかもしれません。

リーダーシップのスタイルに個性が出るのは当然です。
リーダーシップのスタイルは、組織の大きさや仕事の内容、部下の経験に合わせて、融通無碍に変えていかざるを得ないものです。
実行組織を率いるときには先頭に立って組織を率いる「統率型」になります。

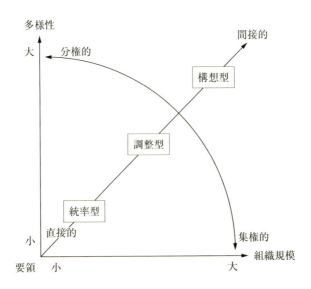

図5　リーダーシップ・スタイルの相関関係

機能別に分かれた組織のバランスを図りながら組織全体を動かすときには「調整型」になります。
　新たな構想の実現に向かって多機能な組織を統合して動かすときには、構想作りに賛同を得ながら仕事を進める「構想主導（プロデューサー）型」になってしまいます。
　そういう仕事のやり方をしないと、組織が上手く動かないのです。
　新たな職務に就いたとき、自分の過去の経験だけを頼りに、以前と同じやり方で仕事をして、上手く人や組織を動かせるかどうかは分かりません。
　現場で優秀な成績を修めていた人が昇格して本社に上がってきて、同じ調子で仕事をしようとしたために、一人だけ浮いてしまった。求められてスカウトされてきた人が転職先で「仕事はこうやるのだ」と指導しまくったが、会社の人たちに受け入れられずに反発を喰らって、かえって仕事が滞ってしまったなどという話はよく聞く話です。
　偉くなったのだから、俺の言うことを聞かせなくてはいけない、部下は上司の言うことをきくのが当然だなどと、勘違いしてはいけません。
　組織の大きさ、仕事の内容、メンバーの経験に合わせて、人の動かし方を工夫していかなくては失敗してしまいます。
　主役は、仕事を直接担当している人たちで、リーダーは、部下の人たちに動いてもらってナンボの仕事をしているのです。

(4) 時間を基準にする

　学生時代、意思決定をトップダウンでするのがよいか、ボトムアップでするのがよいか、と問われたことがありました。そのときは、侃々諤々の議論が起きて結論が出ませんでしたが、答えは簡単です。

トップダウンかボトムアップかは、リーダーが使える時間によって決まります。
　時間に余裕があればボトムアップで積み上げて組織を動かせばよいし、決心するまでの時間に余裕がなければ、トップダウンで時間に間に合うように決心するしかありません。
　それだけです。
　時間があるときには、時間が許すだけじっくりと計画を作り、意思統一を図って、モノを準備し、シミュレーションを重ねて改善すればよいですし、時間がなければ、使える時間の範囲内で、計画、準備をして、実行します。
　リーダーは、状況を把握し、どのくらいの時間の余裕があるのかを前提に、部下に与える時間を考えて、指導しなくてはいけません。
　自分の都合で時間を決めることはできません。
　最終的に決心（意思決定）をするのは、リーダーの役割です。
　どれだけ議論しても構いませんが、リーダーは、時間を基準に決心をしなくてはなりません。

　新入社員など、状況を把握したり、資料を作成したりするのに時間がかかる人には、それなりの時間を与えなくてはなりません。本人が勉強して状況を掌握する時間、実行するまでのさまざまな準備を考慮して、十分な時間を与えます。
　要領を心得たベテランであれば、方針だけを示して、任せてしまったほうがよい場合もあります。
　教育や研修の場では、論理的に考える習慣を身につけさせるため、結論を出すのに必要な手順を確認しながら、時間をかけて指導することが必要になります。
　そうすると、手順を踏むことだけを覚えてしまい、時間を基準に仕事

を進めることを忘れてしまって、正しい結論を出すことだけを追い求める人が出てきます。特に、評価ばかりを気にする人はその傾向が強くなります。

　陸上自衛隊の演習で、時々、こんな場面が見られます。
　作戦が開始され、戦闘がどんどん進んでいるにも拘わらず、正しい結論を出すことばかりに気を取られ、教育で教えられたとおり忠実に手順を踏んで検討することを幕僚に命じて、時間に間に合わなくなってしまう場面です。
　なかには間に合わなかったことを幕僚の業務処理能力のせいにする人がいるのですが、幕僚は指揮官を補佐するのが役割であって、ひとえに命じた者の責任です。
　目的や状況に応じ、使える時間に合わせて、効率的に仕事を進めるように指導することが必要で、いちばん大事なポイントは、「いつ、何を決心しなければならないのか」を決めることです。

　部下を指導する際、重要なことは"適時性"です。
　部下の使える時間に合わせて結論に導いていかなくてはなりません。
　いくら良い会話ができて、素晴らしいアイディアが出てきても、必要な準備の時間を奪ってしまって部下の負担を増やしては、何の役にも立ちません。最悪の場合、時間に間に合わず、せっかくの苦労が水の泡になってしまいます。
　あなた自身が自分の使える時間を厳守し、知恵を絞って必死に答えを見つけ、それを部下に納得させて仕事をしてもらうことに、チームとしての意義があります。

　居酒屋を経営している友人から、新しいメニューを決めるときの経験

談を聞いたことがありました。
　(都心に十数店舗出している、結構売れているお店でした。念のため。)
　数人の店長を集めて店長推奨のメニュー出させ、皆で試食し、真剣に議論して新商品を決めたのだが、売れなかったことがあった。そうすると、今度は、一生懸命議論して決めたのに「なぜ売れなかったのか」が問題になった。
　再度検討することにしたら、今度は、新メニューに賛成した者も反対した者も、あれこれ原因を語り、あれが悪かった、これが原因だと言い出し、しだいに気まずい雰囲気が生まれ、最後には、これは彼奴(あいつ)の案だ、お前はあのときこう言ったなどと文句を言い出して、人間関係まで悪くなってきた。
　そのときに気づいたことがある、というのです。
　どうして、新しいメニュー一つを決めるために、人間関係まで悪くしなければいけないんだ。たかが人の好みの問題じゃないか。議論しても結論が出ないということは、どちらでもいいということじゃないか。食べ物の好みに正しい答えなんかあるわけがないじゃないか、と。
　それからは議論する時間を決め、徹底的に議論はするのだけれども、時間がきても決まらないときには、ジャンケンで決めることにした。
　そうすると、売れなくても「ジャンケンで決めたんだから、仕方がないよね」、「次のやつにしよう」と、何のこだわりもなくなって、無駄な時間が取られなくなり、かえって仕事の能率も人間関係も良くなった、というのです。

　目的に適った意思決定をする。
　時間を基準にして、ジャンケンで意思決定をする。とても面白い話だと思います。

ちなみに、与えられた数字や目に見える成果を求めることや強制することが、リーダーシップではありません。
　数字は評価のための指標でしかありませんし、強制は、部下を説得して自主的に動かすことができなかった場合の最後の手段で、リーダーが時間の管理や部下の指導に失敗したときに出てくるものです。

⑸　アテネか、スパルタか

　トップダウンかボトムアップか、という話とともによく聞くのが、民主的な指導と強圧的ないわゆるスパルタ式の指導のどちらがよいかという話です。
　統制的に指導するのがよいか、自主性を重んじてやらせるのがよいのか、という話に通じます。

　第二次世界大戦のヨーロッパ戦線、シチリア島への上陸作戦当時、猛将で知られたアメリカのパットン将軍が野戦病院を訪問した際、弱音を吐いて震えていた兵士二名（パットンは戦争神経症の患者だと知らなかったと言われている）に平手打ちを喰らわせたことが報じられて大問題になった、「兵士殴打事件」という有名な話があります。
　後のノルマンディー上陸作戦においてパットン将軍が大活躍したことから、将軍の粗暴な振る舞いが不問に付されたかのように語る人がありますが、決してそのようなことはありませんでした。
　上司のアイゼンハワー司令官から、「殴った二名の兵士とその場に居合わせた病院職員に陳謝し、各師団の将校および士官代表者の前で、再びこのようなことをしないと明言すること」を命じられて、軍団長を解任され、イギリスでの後方勤務を命じられたのでした。

いかに戦争中であり、戦争の焦点となっていた戦線で指揮を執っていた有能な猛将であったといえども、暴力的な行為が許されることはありませんでした。

ちなみにパットン将軍は、気性の激しい人ではありましたが、きわめて知的で研究心に富んだ将軍であったことをつけ加えておきます。

スパルタ式の指導がよくないという結論は出ていても、日本のスポーツ界では常に繰り返されている、古くて新しい問題です。

"熱意溢れる"と言われる指導者がよく問題を起こし、何を勘違いしているのか、必ずそれを擁護する声が出てきます。

高いレベルを目指せば目指すほど、厳しい環境が目の前に立ちはだかることから、苦労させることに価値がある、苦労しないと人は伸びない、厳しくするのが指導者の役割だ、と思い込んでいるのかもしれませんが、暴力的な指導を受け入れる余地はありません。

能力を超えた過剰な厳しさを与えるのは無謀でしかありません。

何のために指導しているのかを考えなくてはいけません。

下にいる者を助けるのが上に立つ者の仕事、部下の仕事の負担を軽くして効率的に仕事をさせ、生産性を上げるのが上司の仕事、人の能力を引き出すのが指導者の仕事です。

部下に苦労を強いる上司は、迷惑千万、無用の存在です。

自分で考えさせる、自主性を重んじる、モチベーションを上げる、責任をもって仕事に立ち向かわせる、最後までやり遂げるよう励ましを与える……信頼関係のなかから生まれる前向きな姿勢が人の成長を産み出します。

アテネかスパルタかというくらい古くからある永遠の課題ですから、古い話ついでに、歴史家ツキディディスが記したペリクレスの言葉を紹

介します。

　アテネ全盛時代を象徴する民主政の指導者であったペリクレスは、ペロポネソス戦争の緒戦で戦死した市民の国葬にあたっての演説でスパルタとアテネの国情を対比して、アテネが優れていることを自賛し、市民の士気を鼓舞するのです。

　「なぜなら、われらが力と頼むのは、戦の仕掛や虚構ではなく、事を成さんとするわれら自身の敢然たる意欲のほかにはないからである。子弟の教育においても彼我の違いは大きい。彼らは幼くして厳格な訓練を始めて勇気の涵養に努めるが、われらは自由の気風に育ちながら、彼我対等の陣をかまえて危険にたじろぐことはない」。(『スパルタとアテネ』太田秀通著、岩波新書から)

　ここで着目すべきことは、強制された訓練で動くようになった人たちよりも、自由な気風のなかで育てられた当事者意識を強く持った者のほうが、より自主的に、より積極的に、より粘り強く、使命感をもって任務に邁進する、と語っていることです。
　組織の一員として働くことを、家族とともにあるように考えて行動する人材を育成することの大切さです。
　そこにあるものは、己の役割を果たすことに価値を見出し、お互いの尊敬の念によって結びつけられた信頼関係です。
　人材育成をする際によくよく気をつけなければならないのは、リーダーシップは、リーダーとフォロワーとの間に「命じる者と命じられる者の関係」を築くことではない、ということです。
　参画する者にガバナビリティ（統治者としての意識）を養うことがリーダーの育成です。ガバナビリティは、上から目線の統治者意識を意

味するものではありません。

　組織のなかでは常に、リーダーであると同時にフォロワーであるという二重の役割を果たさなければならず、立場によって使い分けることが求められます。

　そのなかで、常にガバナビリティを持って自主的に行動する参画者だけが、立派なリーダーになること許されるのです。

　無責任な批判ばかりする人は、リーダーになる最も基本的な資質に欠けている人だと言ってよいでしょう。

(6) 不測事態に対処する

ア　備える

　不測事態に対処するのは、リーダーの本領です。そのためにこそリーダーは存在すると言っても言い過ぎではありません。

　不測事態に対処してリスクや危機を管理する方法、何を準備すればよいかを簡単に説明しろと言われれば、私は次の三つのことを挙げます。

　一つ目は、考えられないことを考え、予測することです。
　戦いの原則"奇襲"を思い出してください。
　"奇襲"とは、「敵の予期しない時期、場所、方法などで攻撃し、敵に対応のいとまを与えないことで成り立つもの」でした。ここのいちばんのキーワードは「予期せぬ……」です。
　「予期せぬ」と奇襲されてしまいますから、考えられないことまで考えて「予期する」のが第一歩です。予期できれば奇襲はなくなります。
　まず、起こらないかもしれないと思うものまでを含めて、予測する事態を起こる可能性の高いものから順番に並べます。

次に、当面の任務達成に重大な影響があるものから順番に並べて、対応要領を検討し、任務達成への影響度を予測します。
　最後に、蓋然性と脅威の大きさ（任務達成への影響度）の二つから総合的に判断して、対応の優先順位と対応の限界を決めます。

　二つ目は、不測事態に対応するための手段、予備の能力を準備しておくことです。
　予想が当たったとしても十分な対応能力（手段）を持っていなければ、何の役にも立ちません。予想の範囲には、当然、上手くいく最良のケースから、上手くいかない最悪のケースまでがありますから、いずれのケースにも対応できる余裕を持っておく必要があります。それが予備の能力です。
　陸上自衛隊では、大雑把に言って、全戦力の三分の一程度を予備の能力として持つことを考えます。大変多いように感じる方もいらっしゃるかもしれませんが、不測事態に遭遇した場合に任務を整斉（せいせい）と継続することを考えると、何となく納得していただけるかもしれません。
　運用に適応したバランスのとれた能力を用意しておく必要があります。

　三つ目は、可能な準備を最大限に整えて、対応の限界を確認しておくこと。
　つまり何時、撤退するのかを決めておいて、限界を超えたときには無理をせず、決して負ける戦はしないことです。
　この三つがポイントです。

　リスクに上手く対応できたか否かの評価は第三者がするものだ、ということを忘れてはいけません。
　岡目八目と言われるように、当事者でない人のほうが、全体がよく見

えるものです。しかも多くの人たちが見ているので、上下左右、360度、満遍なく観察して評価されることになります。

　第三者の評価は、意外に妥当で、的を得た、正しいものです。

　さらに、批判する人には、後智恵が許されます。

　自分の地位役割をできるだけ幅広く認識し、さまざまな立場から見る第三者の目を養うことは、考えられないことを考えられるようになるために、重要です。

　最後にもう一つ。

　不測事態に備えて準備をどのように整えていくのかは、日常のマネジメント能力そのもので、ヒト・モノ・カネをリアルタイムで把握することは、職場の生産性を上げるため、ふだんの仕事で最大限に追求しているものです。

　現状をリアルタイムで正確に把握していることは、リスク管理や危機管理の基盤になります。

　リスク管理や危機管理は日常業務の延長線上にあるもので、これを特別なものだと考えた時点で、すでに対応できなくなっているということです。

　　イ　対処する

　危機を避けることができず、直面したときにどうするか。

　危機に対処する際は、あなたが日頃から身につけているものだけが役立ちます。あなたの経験に基づく実行力、あなたの考えた行動がすべてです。

　良いか悪いかは誰にも分かりませんし、誰にも考える余裕はありません。

　「直感」は、あなたが経験をとおして身につけてきたもののエッセン

スです。自分の「直感」を信じ、決断をするときには、断固とした態度で命じることです。

　一つひとつの言葉、口調、表情、態度、動作など、すべてのコミュニケーション手段を使って、できるだけすばやく、あなたの意思をはっきりと伝えることです。
　部下に限らず周囲の人たちは、自分が感じたリスクを共有し、ともに危機に立ち向かおうとする人にだけついていきます。
　リーダーの行動に現れる人間性の本質を、四六時中、細大漏らさず注意深く観察し、本当について行ってよいかどうかを判断しようとします。
　そして、あなたの態度に反応して動きます。
　常に全体を考え、任務を優先する。
　　① 決して諦めない。
　　② 積極的に行動する。
　　③ 他人を非難しない。
　　④ 仲間を見捨てない。
　これが、どのような場面にあっても人々の信頼を呼び起こす態度です。

　もしどの選択肢を選ぶか、判断に迷ったときには、苦しいほうを選択することです。
　選択肢になっているということは、どれを選んでも任務達成の可能性があるということです。
　もし楽なほうを選んだならば、より苦しい場面に遭遇したとき、自分の選択を後悔することになります。そして頑張れなくなってしまいます。
　しかし苦しいほうの選択肢を選んだのであれば、自分で選んだ道だから、と諦めがつき、どのような困難に直面しても頑張る気力を失うことはないでしょう。

7 何が求められているのか

(1) 自分を磨く

ア 形から身につける

「学ぶ」は「真似る」と同根の語で、「まなぶ」「まねぶ」とも言います。

また「ならう」は「慣れる」と同根で、「学」の字を「ならう」と読むこともあり、同義の語だとされています。

語の意味が表している通り、昔の人は、「学ぶ」にはまず「慣れろ」ということを智恵として身につけ、知っていたのでしょう。

スポーツを始めるとき、どんなスポーツでも基本から習い始めます。

好きにやってもよいよ、と指導してはいても、さらに上達させようと思えば、基本を教えます。基本を教わった人がもっと上達しようとするときは、上手な人を真似ようとします。

リーダーを養成するときも同じで、まずは真似ることのできる"形"から整えていきます。

ごく当たり前のことを、意識させ、習慣として身につけるまで繰り返し実行させるだけで、変わったことはまったくありません。子供の躾と同じで、説明はいりません。

　人の前に立つときは、服装に気をつける。
　背筋をピンと伸ばして、胸を張って立つ。
　話をするときは、相手に正対して、正面から目を見る。
　疲れても疲れた顔や素振りを見せない。
　主語を明確にする。

言葉、特に語尾をはっきり喋る。
　誤解を招くような曖昧な言葉づかいをしない。
　命じるときは、命じる気持ちが伝わる言葉遣いをする。
　多くの人たちと話をするときは、全体が見える位置に立つ。
　　……

　"形"を身につけるように努力していると、だんだんそれらしく振る舞うようになり、知らず知らずのうちに心構えができてきて、本物のリーダーになっていきます。
　先輩や先人を「真似る」ところから始まり、指揮官らしい振る舞いを「習性化」することによって、形からリーダーシップを身につけていきます。
　それぞれの役職に求められる識能と、科学的、論理的な思考方法を「学ぶ」ことによって知性を養い、実践をとおして精神性を磨くことによって、内面を充実させ、内から外から鍛えていくのです。
　その科学的、論理的な思考方法、考え方は、この本に書いた通りです。
　しかし、内実がともなわなければ"偉そうな態度のでかい奴"で終わります。
　リーダーの"打ち出の小槌"は、振ったときに何かが出てくるから価値があるのであって、何も出てこない小槌を振り回していては、周囲に迷惑をかけるばかりです。
　スポーツと同じように、知識を身につけ、技術を磨く過程をとおして、体を鍛え、心を磨き、心・技・体を一体化することで、リーダーシップは育っていきます。
　まずは形から身につけることによって、必ずあなたに心の豊かさをもたらしてくれるでしょう。

イ 「どうあるべきか」を考える

　あなたは、ただ単に前の職務で頑張って仕事をしていたから、地位が上がったのではありません。将来の"進展性"が評価されたから現在の職にいるのです。

　あなたが前の職務で一生懸命に働いていたとしても、アップアップ状態だったならば、今の職には就くことはなかったでしょう。

　一生懸命に仕事をしているだけの人を上位職に就けたとしたならば、本人の能力を超えて仕事をしなくてはならなくなって、本人が潰れてしまいます。

　本人が潰れないときは、部下を怒るばかり、具体的な指導ができない、俺は聞いていないと言う、繰り返し分析・検討を命じる、決断できない……、その影響は色々な形で現れ、周囲に大きな迷惑をかけてしまいます。

　ある日突然、新着任者が現れて、スーパーマンのように仕事を片づけてくれることなど、誰も期待していませんし、期待するほうが間違っています。

　あなたの"進展性"にかけて組織の将来を託してその地位につけているのですから、まずは前向きな姿勢を見せて努力することです。部下とともに汗を流し、目標に向かって進むことを期待されているのです。

　あなたがやっていること以上にやるべきことがあるならば、必要に応じて、それを具体的に指導するのが上司の役割なのですから、何も心配することはありません。

　軍隊では、士官学校を卒業するか、大学を出て幹部候補生学校を卒業した者が小隊長になり、30〜40名の部下を持ちます。大学を卒業したばかりの若造が、自分の親父ほどの年齢のベテラン兵士から弟のような年齢の兵士までを指揮しなくてはなりません。

知識でも技術でも経験でも体力でも、自分より優れている下士官がゴロゴロいます。
　能力の低い（ない？）新任の小隊長が能力の高い者をどうやって指導できるのか……。
　誰もが大なり小なり悩むわけですが、そこで、自分にできること、小隊長に求められていることはただ一つしかないことに気づかされます。
　それは、自分にできることは、命令にしたがって、自らが先頭に立って困難に立ち向かっていく姿勢を見せ続けることしかないのだ、ということです。

　第二次世界大戦のイギリスの本土防衛作戦において、優秀な若者から順番に戦死して、戦争が終わるころには国家の将来を支える人材がいなくなってしまうのではないかと懸念され、議会で大問題になったことがありました。
　当時は徴兵制をとっていましたから、健康な若者は全員、軍務につかなくてはならず、多くの若者が戦死していきました。なかでも、支配階級にあった貴族の子弟は国家に対する忠誠心や任務に対する責任感が強く、困難な戦闘になればなるほど自ら積極的に志願し、部隊の先頭に立って危険に立ち向かっていきましたから戦死する率が異常に高かったのです。
　しかし、どうしようもありませんでした。
　これを戦後のイギリス社会の停滞が長く続いた原因の一つに挙げる人がいるほど大きな損失でしたが、このような人材、気風、気概こそが大英帝国を支えたのでした。
　同様の話は、ベトナム戦争当時のアメリカにもありました。

　常に兵士とともにあり、疲れても疲れた顔を見せず、困っても困った

顔を見せず、背筋をピンと伸ばし、顔を上げて進んでいく。困難な場面になればなるほど人間の本性が現れます。リーダーの真価が問われます。

　誰もが立ちすくみ、躊躇する場面で、率先して進んでいく。

　この姿勢がなかったら小隊長としての存在価値はありません。

　部下たちは常に、若い小隊長が、ともに命をかけるに値する指揮官かどうかを計っているのです。

　「どうあるべきか」、これが指揮官の価値を決めます。

　第二次世界大戦でアメリカの陸軍参謀総長を務め、のちに国務長官となりマーシャル・プランによってヨーロッパ復興を指導し、ノーベル平和賞を受賞したジョージ・マーシャルは、「品格のあるリーダー」の重要性について、語っています。

　『身体的な疲労や辛苦が省みられず、兵士の生命が犠牲とされなければならないような状況で、兵士たちを指揮しリードするとき、リーダーシップの有効性は、リーダーの戦術能力にはあまり依存しない。それは主に、彼の「品格」と「評判」によって決まる。勇気は当然のこととして評価されるが、むしろ、それまでに確立された「評判」によって決まるのだ。公正、高い愛国精神、与えられたどんな任務も遂行するゆるぎない決意、これについての「評判」だ』。

　マーシャルは、「品格」と「評判」という表現を使って、部下が指揮官をどう見ているのかを常に意識する必要がある、と言っています。

　部下の指揮官に対する評価が表立って現れることは決してありませんが、リーダーの「品格」が部下の内面に与える影響は大きく、それはすぐに、思わぬところにまで広がっているものです。

　「部下に好かれようと思うな。自分の意思を強制しろ」という人はい

ても、「部下の評判を気にしろ」という指揮官は、めったにいるものではありません。

　マーシャルが、一方向からの視点だけではなく、多面的な視点でものごとを見て、判断することができる優れたリーダーであったことが分かります。

　私は、善き指導者になるために、職場で、次の五つを心がけることをお勧めします。
　① 自らが学ぶ。
　② 困難に立ち向かう姿勢を見せる。
　③ 部下と苦労や喜びや充実感を分かち合う。
　④ 人の話を聞く。
　⑤ 夢を語る。

できるだけ違う職業の人と付き合って「人の話を聞く」ことは、人間の幅を広げます。
　仕事が違う人、趣味が異なる人、主義思想、価値観、発想が異なる人と接しているうちに、あなた自身が多様な人たちを受け入れる許容量を大きく広げてくれます。
　自分の独自の観点が磨かれると同時に、問題の答えが一つではないことに気づかせてくれるでしょう。
　目の前の仕事のことばかりではなく、仕事を通じて将来の「夢を語る」のは大切なことです。「夢」そのものでなくても、「夢のある話」であればよいと思います。
　夢ですから何の責任もありませんが、あなたの考えが伝わります。
　答えのない世界ですから、部下も自分の考えを自由かつ気軽に語れる雰囲気が生まれます。

夢のある話には過去はありません。未来の話をしていれば、自然に前向きの話をするようになります。

前向きの話は、聞いている人たちのやる気を起こさせます。

何よりも、知らず知らずのうちに、自分自身を磨こうという意欲につながります。

ウ　普遍的なリーダー像を知る

「自分自身を磨く」とは言っても、やはりモデルがはっきりしているほうがよいと思いますので、『リーダーシップ・チャレンジ』という本から、「自分を磨く」ための指針となる研究結果を紹介します。

これは単なる机上の研究ではなく、1980年代の初めから30年以上にわたって、世界中のリーダーから数千例にのぼる「自己最高のリーダーシップ体験だ」というものを聴取して分析し、さらにその結果をもって多くのリーダーからの聞き取り調査を重ねて検証したもので、まさに"普遍的リーダー像"を追求した研究結果になっています。

模範的なリーダーシップを発揮したリーダーたちは、「五つの実践」を通して組織に変革を起こしました。リーダーシップは、「リーダーがどう行動するか」が焦点であり、この五つがその核となる行動になります。

① 模範となる。
② 共通のビジョンを呼び起こす。
③ （ビジョン実現に向けての）プロセスに挑戦する。
④ 人々を行動にかりたてる。
⑤ 心から励ます。

同様の手法で、官民のエグゼキュティブを対象に、「リーダーに何を期待するか」を問うて、「尊敬されるリーダーの特質」を明らかにしています。

　これはアメリカを中心とする六つの大陸（アフリカ、北米、南米、アジア、ヨーロッパ、オーストラリア）で調査した結果です。

　リーダーに求めること（ついていきたいリーダー像）は、時代を経ても変わらず、国、文化、人種、職種、階層、性別、教育レベル、年代を超えて共通しています。

　① 正直である。
　② 先見の明がある。
　③ 仕事ができる。
　④ やる気にさせる。

　この四つの「尊敬されるリーダーの特質」は、その前にあげた「五つの実践」と裏表の関係にあり、「リーダーが信頼される」ことがリーダーシップを発揮する前提条件になっていることが分かります。

　この四つの特質は、どの国でも、どの時点の調査でも、常に約60％の支持を得たものです。四つだけでは物足りないという方のために、ベスト・テンまで列挙すると、次のようになります。

　⑤ 知性
　⑥ 寛容さ
　⑦ 公平さ
　⑧ 頼りがい
　⑨ 支えになる
　⑩ 率直さ

　さらに、「リーダーが信頼できる人物かどうかをどのように判断する

か」を問うたところ、表現こそ違うものの、どの組織や国でもほぼ同じ回答が得られました。

- 人に説くことを自分でも行う人
- 言行一致の人
- 言葉どおりに行動する人
- 有言実行の人
- 約束を守る人
- やると言ったら必ずやる人

最も多かった回答が、最後の「やると言ったら必ずやる」というものでした。

このあまりにも当たり前すぎる研究結果を見ると、「本当にそうなのだろうか」と疑問を持つ人や、「こんなに面白くもない、当たり前すぎる人に、ついて行く人たちがいるのだろうか」、と否定してみたくなる人たちがいるのではないでしょうか。

私もその一人だったのですが、20年以上前に、米国陸軍の特殊部隊で二十数年間勤務したという日系二世の方に質問したことがありました。

二十数年間、特殊部隊で勤務したという米国陸軍でも珍しい経歴で、とても小柄な方でしたので、何か特別な才能が認められて、それだけの長期間勤務できたのに違いない、何か「これだ」という話が聞けるかもしれないと思って「特殊部隊ではどのような人が優秀だと認められるのですか」と質問したのです。

ところが予想に反して、その答えは「いつも変わらず真面目に任務を遂行する男だ」というものでした。

「抜群の体力がある者はどうだ」と聞くと、「体力テストに合格してさえいれば何も問題ない。ふだん、体力だけを頼りにしている者は、たい

てい、体力がなくなると使い物にならなくなる。体力がなくなってからが本当の勝負だ」。
「真面目だというだけで、本当に大丈夫なのか」。
「もちろん大変厳しい体力検定に合格しなければならないし、特技（技能）を持っていなければならないが、どんな状況になっても当たり前のようにちゃんと技能を発揮して、任務を遂行できることが大切なことだ。それができる者が信頼される」。
「元気があって、大声を出して引っ張っていくような男はどうだ」。
「カラ元気がいちばん良くない。頼りにならない。本当に苦しくてどうしようもないときにどういう態度を見せるのかがいちばんの問題なのだ」。

　言葉と行動が一致して、周囲に説くことを自ら実践し、最後まで言ったことをやり遂げるリーダーを信頼する、というきわめて当たり前のことが、世界中の人々がリーダーに求める共通の要件になっていることが分かります。
　そして、周囲にいる人のなかからでもいいですし、読んだ本の中からでもいいですし、観た映画でも構いませんが、自分がなりたいと思う具体的なリーダー像を見出し、そのリーダー像を自分自身で演じてください。
　「五つの実践」を実践し、「四つの期待」に応えるよう、日々の「行動」をとおして、自分を磨いていきたいものです。

　　エ　人が人についていく理由を知る
　今、リーダーとしての視点から、「リーダーが何を求められているか」について述べましたが、今度はリーダーという視点を外して、ただ単に「人が人についていく理由」を調査した研究を紹介します。

トム・ラス＆バリー・コンチーの『ストレングス・リーダーシップ』という本です。2005年から2008年に、（リーダーシップを定義する専門家でも、歴史家でも、ＣＥＯ、セレブリティ、政治家でもない）世間一般の人たちのリーダーシップに関する意見を知るために、世論調査をとおして接触したフォロワー（普通の人）たちのなかから無作為に抽出した一万人以上を対象として調査しています。
　その結論は、フォロワーが人についていくには、四つの基本的要求がある、ということでした。
　① 信頼
　② 思いやり
　③ 安定
　④ 希望

　信頼は、ありのままの自分をさらけ出すことによってしか得られない、人間関係の基礎となるもので、正直さ、誠実さ、お互いの尊敬の念から生まれます。
　この気心が知れた信頼関係は、仕事のスピードと効率性を飛躍的に高めますし、信頼関係ができていないと、毎回ゼロから始めることになってしまいます。
　信頼関係を築く努力は、この本で紹介したリーダーシップを実践するノウハウそのものだと言って、過言ではないと思います。

　思いやりは、本人に対するものだけでなく、家族や親しい人たち、すべての人たちに対する気遣いなどをとおして感じ取るものです。
　人の痛みを感じることができる能力だと言ってもよいでしょう。
　例えば、健康や家族に対する気遣い、ストレスや辛い思いに対する心配り、努力に対する褒め言葉や賞賛、仲間同士の絆に対する配慮、喜び

や悲しさや苦しさに対する共感、仕事に対するアドバイスなどによって、表現することになります。

　常に、言葉や態度に出して、フォロワーを大切にしている気持ちを伝え続ける努力をすることが必要です。

　「ありがとう」、「ご苦労様」、「身体は大丈夫か」、「疲れただろう」、「家族は元気か」というちょっとした声掛けが、人間関係にダイヤモンドのような輝きを放つことでしょう。

　人間は基本的に、変化よりも安定を好みます。

　リーダーシップと反する性向を示しているのですが、だからこそリーダーシップに価値があるということでもあります。

　リーダーシップを発揮するときに気をつけなくてはならないのは、フォロワーたちが、安心して、仲間同士の強い信頼感のもとに、何も変化がなかったかのように動けるように配慮することです。

　自分が不安を抱え、将来を心配しながら、他人のために全力を尽くすことができる人などいません。100％を保障することはできませんが、できることはすべて手当てしてくれているのだ、という信頼関係が必要です。

　明確な計画や予定を示して、必要な情報を与え、目標達成に向かう行動を当然だ、必然だ、心配ない、と信頼させなくてはなりません。

　強い信頼関係によって結ばれた仲間意識は、安定にとって欠かせないものですし、価値観を繰り返し意識づけして強い使命感を持たせること、リーダーの一貫性のある言動、フォロワーの行動に対する目的に適った適正な評価は、フォロワーの気持ちを落ち着かせて安心させる効果があります。

　希望は、目標達成に対するビジョン、価値観の実現に対する意欲と可

能性から生まれます。

　明確なビジョンを示し、目標達成へのストーリーを明らかにし、繰り返しそれを意識づけることが必要です。失敗の恐れへの恐怖心を和らげるように、適時のアドバイスや個人目標の修正も必要です。

　希望や夢があれば、喜んで自ら変化に対応しようとするでしょう。

　それこそが、リーダーシップの真髄です。

(2) チャレンジ精神を養う

　リーダーシップは、何かの"変化"が起きたとき、もしくは"変化"を起こそうとするときに、発揮されるものです。

　「危機」を表す英語クライシスやフランス語クリーズと言う言葉は、本来、「転機」という意味を表すそうですが、まさにリーダーシップは、転機＝変化が訪れたときに発揮されます。

　何も変化がないときには、何も言わず、いつもどおりにやっていればよいが、何らかの変化があるから、何らかの判断をして、今までない行動をしなくてはいけない、そのときに発揮するのがリーダーシップです。

　新しい何かがあるから変える、より高い目標に変える、より良いものに方向を変える、新しいやり方に変える、メンバーを変える、役割分担を変える……。

　誰もが対応できないと思うような大きな変化が「危機」と呼ばれます。そういうときには誰も答えを持っていませんし、正しい答えは存在しません。

　答えのないことに取り組むには、勇気がいります。

　リーダーの登場が期待されるわけです。

　チャレンジする精神こそ、リーダーシップの本質です。

このチャレンジする精神は、特別な人たちの専有物ではありません。

歴史に名を残した人を思い出してください。他の人たちと同じことをやって名を残した人はありません。

皆さんの周りで、仕事ができると言われる人を見てください。決して、周囲の人たちと同じ仕事のやり方をしてはいません。

もし「皆と同じ仕事ができます」と言って自慢する人がいたら、それを聞いた人たちは「あいつ、何を言っているんだろう」と言って誰も相手にしないでしょう。

他の人にできないことがある、他の人と違うことができる、新しいことにチャレンジしているからこそ、周囲の人たちが惹きつけられ、高く評価するのです。

もちろん、未知の世界にはリスクがあります。しかしリスクが大きければ大きいほど大きな成果、高い評価を得る可能性があるのです。

チャレンジ精神はまさに皆さんに必要とされているものであり、管理者のリーダーシップが組織のチャレンジ精神を養います。

それは、アニマル・スピリットとなって経済活動を活性化させ、さらには、さまざまな活動を通じて善き日本の価値観を世界に広めていく活力を生むことになるでしょう。

(3) 何が求められているのか

ア　あなたは部下の人生を握っている

人間、誰もが同じように一日24時間を授かっています。

皆さんは、そのうち何時間を仕事に使っているか、考えたことがあるでしょうか。

8時から夕方5時までが仕事の時間だ、と答える人がいるでしょう。本当にそうでしょうか。
　東京だと通勤時間1時間は当たり前。往復で2時間。長い人は片道2時間半もかけています。それだけで5時間。
　職場に行く際は今日の仕事のこと、帰宅する際には一日の仕事を振り返り、明日の仕事のことを考えている人がいるでしょう。
　食事をしながら、風呂に入りながら、仕事のことを思い出す。
　なかには、良いアイディアは寝ているときにふっと湧いてくるものだと言って、枕元にメモ帳を置いて寝ている人がいます。
　いったい、どれだけの時間を仕事に注ぎ込んでいるのでしょうか。
　ふつうの人であれば、少なくとも一日の半分、仕事が頭から離れません。
　いや「人はパンのみに生きるに非ず」だ。
　俺は食べるために仕事をしているが、本当に好きな趣味のために生きるのだという人もいるでしょうが、費やしている時間を考えれば、どうしても仕事の時間が圧倒的に多くなってしまいます。
　もしも毎日、職場に行くのが辛い、気が重い、職場の人の顔を見るのも嫌だ……と言う人があれば、その人の人生はいったいどのようなものなのでしょうか。どれほどに不幸なことでしょうか。
　人はいったい、何のために生き、何のために仕事をしているのでしょうか。
　マズローは人間の欲求にはレベルがあると言いましたが、すべての人に共通する欲求は、自分が為したことに対する充実感や満足感を得たいということです。
　少なくとも皆さんが責任を持っている職場は、仕事をするのが楽しい、仲間と話をするのが嬉しい、今日は職場でどんなことがあるのか楽しみだ、新しいことを身につける充実感がある、皆で喜びを分かち合える

……、部下の人たちがそう言ってくれるような雰囲気を作ってもらいたいと思うのです。

「平和」、「なごやか」、「やわらぐ」などの意味を持つ、「和」という漢字があります。

語源は、「禾編は旗を掲げた軍隊の大きな標木を表し、旁の口は和睦を交わした誓約を入れる器を表現している」、「禾編は、稲穂を立て掛けた形を表している」、「人々が楽器を奏でている姿、調和を表している」象形文字だと、さまざまな解釈があります。

また、「和」には、小さな数字を足し算していって、大きな数字になるという意味もあります。

それらが転じて、「大きな木の下に皆が集まって、大勢の人たちが平和に寛いでいる様を表しているのだ」と、絵本の風景のようなイメージを語られることがありますが、私には、「和」という漢字が、リーダーの在り方を表しているように思えます。

禾編の大きな木がリーダーの姿を、口はリーダーの下に集まっている多くの部下を表していて、皆が喜んで木の下に集まり、調和して大きな力を発揮する、そんな姿を想像させてくれます。

皆さんには、大きな温かみのある「和」を創っていただきたいものです。

人を幸せにする、楽しみを感じさせ、喜びを与え、皆の調和をとって力を発揮させる。それがリーダーにとっていちばん大事な仕事です。

笑いは、活力であり、勝力になります。

みなさんは、部下の人生を握っているのです。

イ　あなたは変えることができる

　皆さんは、今まで、ふっと「自分がなぜここにいるのか」、「何のためにここにいるのだろう」、「何をしなければいけないのだろう」、「自分は、いったい何者なのだろうか」などと考えたことはなかったでしょうか。

　新しい学校や職場などに入って環境が変わったとき、新しいことに取り組もうと思ったとき、チャレンジしなくてはならない立場になったとき、突然の出来事に遭遇したとき、これから何をどうやっていこうかと悩んだ経験があるでしょう。

　変化に立ち向かおうとするとき、そして自らが飛躍しようとするとき、あなたは変化の主役にならなくてはなりません。

　人は何かを成そうとするとき、必ず、今よりも進歩する、少しでも良くなる、誰かの役に立つ、喜んでくれる人や褒めてくれる人がいる、新しい世界が開ける……、そういう期待と希望を抱いて取り組みたいと願います。自分が目指している善きものと、それを目指すことによって得られる喜びや充実感を、あなたと関わるすべての人たちに分け与えたいと考えます。

　"変化への対応"がリーダーシップのキーワードですが、いつも大きな変化を起こさなくてはならないというわけではありません。日常の小さな変化を起こすことの積み重ねから、少しずつリーダーの資質は磨かれていきます。

　大きな変化など予想がつかないものなのですから、備えようがありません。しかし、毎日の小さな変化を積み重ねている人は、変化に対応する感性が磨かれ、ノウハウを身につけることができます。

　小さな変化を積み重ねている人が、大きな変化に遭遇したとしても、何もしていない人が感じるよりも、相対的に小さな変化に感じられ、より落ち着いて対処できることでしょう。

「じゃあ"変化のないとき"はどうするのだ」。

"変化のないとき"のリーダーの仕事は、より善いものを求めて現状を改善し、部下の士気を高め、人を育成することです。

やる気が出てくれば、自然に新しいものにチャレンジしようという空気が生まれてきます。

人は成長すれば、自分の力を試したくなるものです。

目の前の仕事に真剣に取り組んでいると、意識せずともあなたは次第に新しい姿に変わっていきます。

時間とともに、あなたは周囲の人たちからリーダーだと見られるようになるでしょう。

リーダーシップは、実践と経験によってのみ身につけることができる美徳や智恵の一つです。

今、皆さんは、何かを変える、何かが変わることを期待されています。

あなたの部下の目を輝かせることができるのです。

そのためにあなたは、今、ここにいるのだと思います。

おわりに 〜まぁるい日本〜

　幼児教育、子供の教育には、高い関心が払われています。
　学力の向上ばかりではなく、創造性を伸ばす、個性を生かす、社会性を学ばせる、思いやりを身につけさせるなど、さまざまな観点から教育の重要性が語られます。
　ところが社会人になると、社会人としての躾ができていない、協調性がない、基礎的な学力がない、社会常識に欠けるなど、学校教育や家庭教育への批判は山ほど出てきますが、子供の頃から培ってきた才能や身につけた能力を有効に使うとか、能力をさらに伸ばすというポジティブな話はまったく聞かなくなってしまいます。
　子供の頃に学んだ社会性も、思いやりも、それが役に立つのは、実社会に出たときですし、子供の頃に養った創造性も、個性も、それを活用して伸ばすのは社会に出てからのはずですが、実態は、子供の頃に養おうと言っていた多様な才能とは無縁の世界になってしまいます。
　成果主義が強調され過ぎているせいか、実社会の指導者は、人の才能を生かしたり伸ばしたりすることを考えるよりも、「人を使うこと＝労働を指導すること」に追われているように見受けられます。まるで大学受験を目的として型にはまった"正しい答え"を覚えさせるだけの教育に力を入れているのと同じような状況です。
　一人ひとりが持っている能力や進展性を十分に考慮していると言いはするのでしょうが、勤務評価では、仕事のニーズに適合していることが絶対的に優先されてしまいます。

　常に指導する立場と指導される立場が同居しているのが人間社会で、すべての人は人を指導する立場に就く機会があります。

しかし、謙虚に学べと言われることはあっても、どう指導するか、いかにあるべきか、というノウハウを聞くことや指導者を積極的に創ろうという話は、不思議なくらいありません。

　誰も将来を見通すことができない時代を迎えた今、できることは目の前の小さな改善を積み重ね、リスクをとって弛まず改革を続けていくことです。その結果として、大きな変化に耐えることができるレジリエンスのある組織、危機対処能力に優れた組織、社会的に意義のある活動のできる将来性豊かな組織に生まれ変わることができるでしょう。
　企業の管理者は、企業活動を通じて、日本人の社会生活や経済社会に与える大きな影響力を持っています。
　今、必要とされているのは、スーパーマンのようなリーダーよりも、それぞれの立場で、自分の考えで、自信を持って目標に向かっていく、独立自尊の精神あふれる第一線のリーダーを育成することです。
　困難に当たっても、先頭に立って立ち向かって進んでいくチャレンジ精神あふれる現場のリーダーです。
　そのなかから、将来、大きな組織を動かす適材のトップ・リーダーが出てくることになるでしょう。
　批判を糧として生きる人たちが活躍する時代は、とうの昔に終わってしまいました。
　活力のある"まぁるい日本"を創るのは、多様性を受け入れ、360度全部の人間関係を飲み込んで、多くの人たちの能力を活かしながら進んでいくリーダーだと思います。
　本書が多くの方々のお役に立つことを願っております。

　平成二十九年九月

　　　　　　　　　　　　　　　　　　　　　　　　　吉田　明生

謝辞

　私をゆうちょ銀行に採用し、リーダーシップについて講話をする機会を与えてくださり、また、大変お忙しいなか推薦文をお寄せいただきました井澤吉幸　ブラックロック・ジャパン㈱会長ＣＥＯ（元・三井物産㈱副社長、元・ゆうちょ銀行社長）、同じく推薦文をお寄せいただきました、東日本大震災において卓越したリーダーシップを発揮して陸上自衛隊の災害救援活動を指揮された火箱芳文　三菱重工㈱防衛・宇宙セグメント顧問（元・陸上幕僚長）、「まぁるい日本」の題字を揮毫していただくとともに、万般にわたり的確なアドバイスをくださいました書道家の柏木白光先生、「まぁるい日本」をイメージして、高千穂の雲海から昇る太陽の素晴らしい写真を提供していただきました写真家の中野晴生さん、冨山房インターナショナルとの調整に貴重な時間を割いて労をとってくださった㈱マルタマフーズの佐々木宏副社長、そして「世の役に立つ良い本は出すべきです」と、出版を快諾してくださいました㈱冨山房インターナショナルの坂本喜杏社長には、心から御礼と感謝を申し上げます。

　最後になりますが、多くのことを教えていただいた陸上自衛隊の皆さん、ゆうちょ銀行社員の皆さんに、この場を借りて、御礼申し上げます。

　現場には答えがありました。

　ありがとうございました。

主要参考文献

『アメリカ陸軍リーダーシップ』
　（リーダー・トゥー・リーダー研究所＋フランシス・ヘッセルバイン＋エリック・シンセキ＋リチャード・キャバナー著、生産性出版）
『リーダーシップ（アメリカ海軍士官候補生読本）』
　（アメリカ海軍協会、生産性出版）
『危機存亡時のリーダーシップ』
　（トーマス・コルデリッツ著、生産性出版）
『リーダーの使命とは何か』
　（フランシス・ヘッセルバイン著、海と月社）
『リーダーになる』
　（ウォレン・ベニス著、海と月社）
『リーダーシップ・チャレンジ』
　（ジェームズ・M・クーゼス、バリー・Z・ポズナー著、海と月社）
『あなたらしく導きなさい』
　（フランシス・ヘッセルバイン著、海と月社）
『本物のリーダーとは何か』
　（ウォレン・ベニス、バート・ナナス著、海と月社）
『史上最大の決断』
　（野中郁次郎、荻野進介著、ダイヤモンド社）
『サーバント・リーダーシップ』
　（ロバート・K・グリーンリーフ著、EIZI PRESS）
『リーダーシップ・マスター』
　（マーシャル・ゴールドスミス、ローレンス・s・ライアンス著、EIZI PRESS）
『ストレングス・リーダーシップ』
　（トム・ラス＆バリー・コンチー著、日本経済新聞社）
『ミンツバーグ　マネージャー論』
　（ヘンリー・ミンツバーグ著、日経BP社）
『マネジメントとは何か』
　（スティーブン　P・ロビンス著、ソフトバンク　クリエイティブ）
『ブランド・エクイティ戦略』
　（D・A・アーカー著、ダイヤモンド社）
『ピーターの法則〈創造的〉無能のすすめ』
　（L・J・ピーター、R・バル著、ダイヤモンド社）
『完全なる人間　魂のめざすもの』
　（アブラハム・H・マズロー著、誠信書房）
『なぜ大国は衰退するのか』
　（グレン・ハバート、ティム・ケイン著、日本経済新聞出版社）
『〈パワーポーズ〉が最高の自分を創る』
　（エイミー・カディ著、早川書房）

吉田明生（よしだ あきお）
1977年　防衛大学校卒
　　陸上幕僚監部　防衛部防衛課・運用課、広報室
　　第12普通科連隊長
　　西部方面総監部　防衛部長
　　東北方面総監部　幕僚長
　　北部方面隊　第11旅団長
2012年　ゆうちょ銀行
　　顧問（社長特命担当）
　　経営企画部総合戦略室審議役
　　現在、法人営業部審議役

まぁるい日本
―リーダーシップの時代【人を動かす】

2017年10月17日　第1刷発行

著　者　吉　田　明　生
発行者　坂　本　喜　杏
発行所　株式会社　冨山房インターナショナル
　　　　〒101-0051
　　　　東京都千代田区神田神保町1-3
　　　　TEL 03(3291)2578
　　　　FAX 03(3219)4866
　　　　URL：www.fuzambo-intl.com

印　刷　株式会社　冨山房インターナショナル
製　本　加藤製本株式会社

Ⓒ Akio Yoshida 2017, Printed in Japan
落丁・乱丁本はお取替えいたします。
ISBN 978-4-86600-038-1 C0036